EDITORA DO CONHECIMENTO

Auxiliando a humanidade a encontrar a Verdade

O CAIBALION

O CAIBALION

Os Três Iniciados

The Kaibalion

CONHECIMENTO EDITORIAL LTDA.
Rua Prof. Paulo Chaves, 276 – Vila Teixeira Marques
CEP 13485-150 — Limeira — SP
Fone: (19) 3451-5440
www.edconhecimento.com.br
vendas@edconhecimento.com.br

Tradução Giovanna Louise Libralon
Capa: Banco de imagens
Projeto gráfico: Sérgio Carvalho
Ilustração da capa: ***shutterstock.com***

ISBN 978-65-5727-088-6
1ª Edição – 2021

• Impresso no Brasil • Presita en Brazilo

Produzido no departamento gráfico da
CONHECIMENTO EDITORIAL LTDA
grafica@edconhecimento.com.br

Dados Internacionais de Catalogação na Publicação (CIP)
Angélica Ilacqua CRB-8/7057

Os Três Iniciados
O Caibalion / Os Três Iniciados ; tradução de Giovanna Louise Libralon. – Limeira, SP : Editora do Conhecimento, 2021.
138 p.

ISBN 978-65-5727-088-6
Título original: ***The Kaibalion***

1. Hermetismo 2. Ciências ocultas I. Título II Libralon, Giovanna Louise

21-0718 CDD – 135.4

Índices para catálogo sistemático:
1. Hermetismo 135.4

OS TRÊS INICIADOS

O Caibalion

1ª edição – 2021

EDITORA DO
CONHECIMENTO

Para HERMES TRISMEGISTO, conhecido pelos antigos egípcios como "o grande dos grandes" e o "mestre dos mestres", este pequeno volume de doutrinas herméticas é reverentemente dedicado.

Sumário

Introdução

É com enorme satisfação que apresentamos à atenção de estudantes e investigadores das doutrinas secretas esta pequena obra baseada nas doutrinas herméticas do mundo antigo. Tão escassos são os escritos sobre esse tema, não obstante as incontáveis referências às doutrinas nas numerosas obras sobre ocultismo, que os muitos que buscam as Verdades Arcanas com seriedade sem dúvida apreciarão a chegada deste volume.

O propósito desta obra não é a enunciação de nenhuma filosofia ou doutrina especial, mas, antes, o de apresentar aos estudantes uma explicação da Verdade que servirá para conciliar os muitos fragmentos de conhecimento oculto que tenham adquirido, mas que parecem contrários uns com os outros, o que tende a desencorajar o iniciante nesse estudo e causar-lhe repulsa. Nosso objetivo não é erigir um novo templo de conhecimento, mas, em vez disso, colocar nas mãos do estudante uma chave mestra com a qual poderá abrir as muitas portas internas no Templo do Mistério em que ele já adentrou pelos portões principais.

Não há porção dos ensinamentos ocultos possuídos pelo mundo que tenha sido mais bem guardada que os fragmentos das doutrinas herméticas que nos chegaram ao longo das dezenas de séculos que decorreram desde a existência de seu grande fundador, Hermes Trismegisto, o "escriba dos deuses", que viveu no Antigo Egito nos dias em que a raça humana atual estava ainda em sua tenra infância. Contemporâneo de Abraão e, se as lendas forem verdadeiras, instrutor desse venerável sábio, Hermes foi, e é, o Grande Sol Central do Ocultismo, cujos raios vieram esclarecer os incontáveis ensinamentos que foram promulgados desde sua época. Todas as doutrinas fundamentais e básicas contidas nos ensinamentos esotéricos de todas as raças podem ser remontados a Hermes. Mesmo as mais antigas doutrinas da Índia, sem dúvida têm suas raízes nas doutrinas herméticas originais.

Da terra do Ganges, muitos ocultistas adiantados acabaram vagueando até a terra do Egito, e sentaram-se aos pés do Mestre. Dele receberam a chave mestra que explicava e conciliava suas visões divergentes e, assim, a Doutrina Secreta foi firmemente estabelecida. De outras terras vieram também os versados, todos os quais consideravam Hermes o Mestre dos Mestres. E sua influência foi tão grande que, apesar dos séculos de desvios do caminho por parte dos professores dessas terras diferentes, ainda se podem encontrar certa semelhança e correspondência fundamentais subjacentes às muitas teorias geralmente divergentes defendidas e ensinadas hoje pelos ocultistas dessas diferentes nações. O estudante de religiões comparadas terá condições de perceber a influência das doutrinas herméticas em todas as religiões dignas desse nome, hoje conhecidas ao homem, quer seja uma religião morta ou uma em pleno vigor em nossos tempos. Sempre há certa correspondência, apesar das características divergentes, e as doutrinas herméticas atuam como o grande reconciliador.

A grande obra da vida de Hermes parece ter sido antes no sentido de plantar a grande Verdade-semente que cresceu e floresceu em tantas formas estranhas do que estabelecer uma escola de filosofia que dominasse o pensamento universal. Todavia, de geração em geração, as verdades originais ensinadas por ele foram mantidas intactas em sua pureza primeira por uns poucos homens que, recusando grande número de estudantes e seguidores apenas parcialmente desenvolvidos, obedeceram ao costume hermético e reservaram sua verdade para os poucos que estavam prontos para compreendê-las e dominá-las. De boca a ouvido, a verdade foi transmitida entre os poucos. Sempre houve alguns iniciados em cada geração, nas várias nações da Terra, que mantiveram viva a chama sagrada das doutrinas herméticas, e sempre estiveram dispostos a usar suas lâmpadas para reacender as lâmpadas menores do mundo exterior quando a luz da verdade enfraquecia e se obscurecia por negligência, e quando os pavios ficavam obstruídos com material que lhes é estranho. Sempre houve uns poucos para cuidar fielmente do altar da Verdade, sobre o qual foi mantida acesa a lâmpada eterna da Sabedoria. Esses homens dedicaram sua vida ao trabalho de amor que o poeta tão bem descreveu em seus versos:

> Oh, não deixeis que se apague a chama! Venerada de geração em geração
> em sua caverna escura, em seus santos templos venerada. Alimentada
> por puros ministros do amor, não deixeis que se apague a chama!

Esses homens nunca buscaram a aprovação popular, nem multidões de seguidores. Eles são indiferentes a tais coisas, pois sabem quão poucos há, em cada geração, que estão prontos para a verdade, ou que a reconheceriam se lhes fosse apresentada. Reservam o "alimento sólido para homens", enquanto outros dão o "leite às criancinhas". Eles reservam suas pérolas de sabedoria para os poucos eleitos que reconhecem seu valor e as levam em sua coroa, em vez de atirá-las aos vulgares porcos materialistas que as haveriam de pisar na lama e misturar com seu repugnante alimento mental. Não obstante, esses homens nunca esqueceram nem ignoraram as doutrinas originais de Hermes no tocante à transmissão das palavras de verdade para aqueles que estão prontos para recebê-las, cujo ensinamento é declarado n'*O Caibalion* da seguinte forma: "Onde caem os passos do Mestre, abrem-se os ouvidos daqueles que estão preparados para seu ensinamento". E ainda: "Quando os ouvidos do estudante estão prontos para ouvir, então chegam os lábios para os encher de sabedoria". Contudo, sua atitude habitual sempre esteve em estrita concordância com o outro aforismo hermético, também d'*O Caibalion*: "Os lábios da Sabedoria estão fechados, exceto aos ouvidos do entendimento".

Houve quem criticasse essa atitude dos hermetistas, afirmando que não manifestavam o verdadeiro espírito [de seus ensinamentos] nessa sua política de isolamento e reticência. Porém, um rápido relance sobre as páginas da História mostrará a sabedoria dos Mestres, que bem sabiam o desatino que era tentar ensinar ao mundo aquilo que ele não estava pronto nem disposto a receber. Os hermetistas jamais tentaram ser mártires. Em vez disso, sentaram-se silenciosamente à margem com um sorriso de piedade nos lábios fechados, enquanto "os pagãos se enfureciam à sua volta", em sua costumeira diversão de submeter à morte e à tortura os sinceros, mas iludidos, entusiastas que imaginavam poder impor a uma raça de bárbaros a verdade que apenas os eleitos que haviam avançado no Caminho eram capazes de compreender.

E o espírito de perseguição ainda não desapareceu da Terra. Existem certas doutrinas herméticas que, se proclamadas publicamente, fariam recair sobre os professores um grande clamor de escárnio e insultos por parte das multidões, que, mais uma vez, elevaria o brado de "Crucifica-o! Crucifica-o!".

Nesta pequena obra, tentamos dar aos leitores uma ideia das doutrinas fundamentais d'*O Caibalion*, esforçando-nos por apresentar os princípios práticos, mas deixando que vocês os apliquem por si mesmos em vez de tentar explicar o ensinamento à exaustão. Se forem verdadeiros estudantes, conseguirão decifrar e aplicar tais princípios. Se não o forem, devem transformar-se em verdadeiros estudantes, pois, do contrário, as doutrinas herméticas parecerão ser apenas "palavras, palavras, palavras".

Os Três Iniciados

Capítulo I
A filosofia hermética

Os lábios da Sabedoria estão fechados, exceto aos ouvidos do entendimento – O Caibalion

Do Antigo Egito vêm os ensinamentos esotéricos e ocultos fundamentais que, por alguns milhares de anos, tanto influenciaram os filósofos de todas as raças, nações e povos. O Egito, o lar das pirâmides e da esfinge, foi o berço da Sabedoria Oculta e das doutrinas místicas. De sua Doutrina Secreta, todas as nações beberam. Índia, Pérsia, Caldeia, Média, China, Japão, Assíria, Grécia e Roma antigas e outros países da Antiguidade comungavam amplamente do banquete de conhecimento que os hierofantes e mestres da Terra de Ísis ofereciam com tanta liberalidade para aqueles que vinham preparados para participar do grande repositório de tradição mística e oculta que os gênios daquela vetusta terra haviam reunido juntos.

No Antigo Egito viviam os grandes Adeptos e Mestres que ninguém jamais superou e aos quais raramente alguém se igualou durante os séculos que decorreram desde os dias do Grande Hermes. No Egito localizava-se a Grande Loja das lojas dos místicos. Pelas portas de seus templos adentravam os neófitos que, mais tarde, já como Hierofantes, Adeptos e

Mestres, viajavam para os quatro cantos do mundo, levando consigo o precioso conhecimento que, com avidez e boa vontade, estavam preparados para transmitir àqueles que estivessem prontos para recebê-lo. Todos os estudantes do Ocultismo reconhecem a dívida que têm para com esses veneráveis Mestres daquela nação antiga.

Mas, dentre esses grandes Mestres do Antigo Egito, existiu um a quem os Mestres aclamavam como "O Mestre dos Mestres". Esse homem, se "homem" foi, de fato, viveu no Egito nos primórdios. Era conhecido como Hermes Trismegisto. Ele foi o pai da Sabedoria Oculta, o criador da astrologia, o descobridor da alquimia. Os detalhes de sua vida estão perdidos para a História, por conta do decorrer dos anos, embora vários dos países antigos disputem entre si, em suas reivindicações, a honra de ter sido sua pátria natal – e isso, milhares de anos atrás. A data de sua passagem pelo Egito, que foi sua última encarnação neste planeta, é desconhecida, mas foi fixada nos primeiros dias das mais antigas dinastias do Egito, muito antes da época de Moisés. As maiores autoridades no assunto consideram-no contemporâneo de Abraão. Algumas tradições judaicas chegam a afirmar que Abraão aprendeu parte de seu conhecimento místico com o próprio Hermes.

Tendo deixado este plano de vida (a tradição registra que ele viveu trezentos anos na carne), com o passar dos anos, os egípcios deificaram Hermes, transformando-o em um de seus deuses, sob o nome de Thoth. Mais tarde, o povo da Grécia Antiga também o transformou em um de seus muitos deuses, chamando-o "Hermes, o deus da Sabedoria". Os egípcios reverenciaram sua memória por muitos séculos – sim, dezenas de séculos –, chamando-o "o escriba dos deuses" e conferindo-lhe, de forma muito particular, seu antigo título,

"Trismegisto", que significa "o três vezes grande", "o grande dos grandes", "o maior dentre os grandes" etc. Em todas as nações da Antiguidade, o nome de Hermes Trismegisto foi reverenciado, e seu nome era sinônimo de "fonte de sabedoria".

Mesmo nos dias de hoje, usamos o termo "hermético" no sentido de "secreto", "selado de modo que nada pode escapar" etc. Isso porque os seguidores de Hermes sempre observaram o princípio do sigilo em seus ensinamentos. Eles não acreditavam em "atirar pérolas aos porcos", mas, antes, atinham-se à doutrina do "leite para criancinhas" e do "alimento sólido para homens fortes", duas máximas familiares aos leitores das escrituras cristãs, mas que os egípcios já usavam séculos antes da era cristã.

E essa política de disseminação cautelosa da Verdade sempre caracterizou os hermetistas, e os caracteriza até a atualidade. As doutrinas herméticas serão encontradas em todas as nações, em todas as religiões, sem que jamais se possam identificar com qualquer país ou seita religiosa específica. Isso se dá por causa da advertência dos antigos professores, no sentido de que não se permitisse que a Doutrina Secreta fosse cristalizada em um credo. A sabedoria dessa advertência é evidente a todos os estudantes de História. O antigo ocultismo da Índia e da Pérsia degenerou e perdeu-se quase que por completo em razão de os professores terem se tornado sacerdotes e misturado teologia com a filosofia. O resultado foi que o ocultismo da Índia e da Pérsia se perdeu gradualmente em meio ao amálgama de superstições religiosas, cultos, credos e "deuses". O mesmo se deu com a Grécia e a Roma antigas, bem como com as doutrinas herméticas dos gnósticos e dos cristãos primitivos, que se perderam no tempo de Constantino, cuja mão de ferro sufocou a filosofia com o manto da teologia, fazendo com que a Igreja Cristã perdesse aquilo que era sua verdadeira essência e espírito, levando-a a passar vários séculos tateando às cegas até encontrar o caminho de volta para sua fé primitiva, de modo que, a todo observador cuidadoso, resta evidente, neste século XX, que a Igreja se esforça agora para retomar suas antigas doutrinas místicas.

Mas sempre houve umas poucas almas fiéis que mantiveram viva a chama, zelando por ela com desvelo e impedindo que sua luz se extinguisse. E graças a esses corações leais e essas mentes destemidas, ainda temos a verdade conosco. No entanto, nada dela se pode encontrar em livros. Ela foi transmitida de Mestre a estudante, de iniciado a hierofante, de boca a ouvido. Quando foi efetivamente escrita, seu significado foi velado em termos alquímicos e astrológicos, de modo que apenas os que possuíssem a chave conseguissem lê-la corretamente. Isso se fez necessário a fim de evitar as perseguições dos teólogos da Idade Média, que combateram a Doutrina Secreta com o fogo e a espada: fogueira, forca e cruz. Mesmo hoje, encontrar-se-ão apenas poucos livros confiáveis sobre a filosofia hermética, embora haja inúmeras referências a ela em muitos livros escritos em diversas fases do Ocultismo. E, não obstante, a filosofia hermética é a única chave mestra que abrirá todas as portas dos ensinamentos ocultos.

Na Antiguidade, existiu uma compilação de certas doutrinas herméticas básicas, passada de professor para estudante, a qual era conhecida como *O Caibalion*, termo cuja importância e significado exatos ficaram perdidos por séculos. Esse ensinamento, porém, é conhecido por muitos daqueles para os quais foi transmitido, de boca a ouvido, ao longo dos séculos. Seus preceitos nunca foram escritos nem impressos, até onde se sabe. Tratava-se tão somente de uma coletânea de máximas, axiomas e preceitos incompreensíveis às pessoas de fora, mas prontamente compreendidos pelos estudantes, depois que os iniciados herméticos explicavam e ilustravam tais axiomas, máximas e preceitos para seus neófitos. De fato, esses ensinamentos constituíam os princípios fundamentais da "arte da alquimia hermética", que, ao contrário da crença geral, lidava com o domínio das forças mentais, não dos elementos materiais: a transmutação de um tipo de vibração mental em outros, em vez da transformação de um tipo de metal em outro. As lendas da "pedra filosofal" que transformava metais inferiores em ouro era uma alegoria relativa à filosofia hermética, imediatamente compreendida por todos os estudantes do verdadeiro hermetismo.

Neste pequeno livro, do qual esta é a primeira lição, convidamos nossos estudantes a analisar em profundidade as doutrinas herméticas, como apresentadas n'*O Caibalion* e explicadas por nós, humildes estudantes das doutrinas, que, embora envergando o título de iniciados, ainda somos discípulos aos pés de Hermes, o Mestre. Aqui trazemos muitas das máximas, axiomas e preceitos d'*O Caibalion*, acompanhados de explicações e exemplos que julgamos aptos a facilitar a compreensão das doutrinas por parte do estudante moderno, sobretudo porque o texto original está intencionalmente velado em termos obscuros.

As máximas, axiomas e preceitos originais d'*O Caibalion* foram impressos em itálico, com os devidos créditos. Nosso trabalho é apresentado com a impressão costumeira, no corpo da obra. Confiamos que os muitos estudantes aos quais ora ofereceremos este pequeno livro extrairão tanto benefício do estudo de suas páginas como o extraíram os muitos que, antes deles, trilharam o mesmo caminho da maestria ao longo dos séculos que se passaram desde os tempos de HERMES TRISMEGISTO, o Mestre dos Mestres, o Grande dos Grandes. Nas palavras d'*O Caibalion*:

> *Onde caem os passos do Mestre, abrem-se os ouvidos daqueles que estão preparados para seu Ensinamento – O Caibalion*
>
> *Quando os ouvidos do estudante estão prontos para ouvir, então chegam os lábios para os encher de Sabedoria – O Caibalion*

De modo que, de acordo com os Ensinamentos, a transmissão deste livro àqueles que estão prontos para ensinar atrairá a atenção daqueles que estão preparados para receber a doutrina. E, da mesma forma, quando o pupilo (ou pupila) estiver pronto para receber a verdade, este pequeno livro lhe chegará às mãos. Essa é a Lei. O princípio hermético da causa e efeito, em seu aspecto de Lei da Atração, reunirá boca e ouvido – pupilo e livro, um na companhia do outro. Que assim seja!

Capítulo II
Os Sete Princípios Herméticos

Os princípios da Verdade são sete. Aquele que os conhece e compreende, possui a chave mágica a cujo toque todas as portas do Templo se escancara – O Caibalion

Os sete princípios herméticos, sobre os quais se fundamenta toda a filosofia hermética, são os seguintes:

O Princípio do Mentalismo;

O Princípio da Correspondência;

O Princípio da Vibração;

O Princípio da Polaridade;

O Princípio do Ritmo;

O Princípio da Causa e Efeito;

O Princípio do Gênero.

Esses sete princípios serão discutidos e explicados no decorrer das lições. No entanto, também é possível apresentar uma rápida explicação deles neste momento.

1. O Princípio do Mentalismo

O TODO É MENTE. O Universo é menta – O Caibalion

Esse princípio expressa a verdade de que "tudo é mente". Ele explica que O TODO (que é a realidade substancial subjacente a todas as manifestações e aparências exteriores que conhecemos pelos termos "o Universo material", os "fenômenos da vida", "matéria", "energia" e, em suma, tudo o que é perceptível a nossos sentidos físicos) é ESPÍRITO, que, em si mesmo, é INCOGNOSCÍVEL e INDEFINÍVEL, mas pode ser considerado e tido como uma MENTE UNIVERSAL, INFINITA e VIVENTE. Ele também explica que tudo o mundo ou Universo fenomênico é simplesmente uma criação mental do TODO, sujeita às leis das coisas criadas, e que o Universo, em sua totalidade como em suas partes ou unidades, tem sua existência na Mente do TODO, em cuja Mente "vivemos, nos movemos e somos". Esse princípio, ao estabelecer a natureza mental do Universo, explica facilmente toda a diversidade de fenômenos mentais e psíquicos que ocupam tão grande parte da atenção pública e que, sem tal explicação, não incompreensíveis e desafiam qualquer análise científica. Entender esse grande princípio hermético do mentalismo permite que o indivíduo apreenda de pronto as leis do Universo Mental e as aplique a seu bem-estar e seu progresso. O estudante hermético torna-se capaz de aplicar as grandes leis mentais com inteligência, em vez de usá-las de maneira indiscriminada e arbitrária. Com a chave mestra em seu poder, o estudante pode abrir as muitas portas do templo mental e psíquico do conhecimento e entrar nele livremente e com inteligência. Esse princípio explica a verdadeira natureza da "energia", do "poder" e da "matéria", bem como a razão e o modo pelo qual tais coisas estão subordinadas ao domínio da mente. Um antigo Mestre hermético escreveu, muitos séculos atrás: "Aquele que compreende a verdade da natureza mental do Universo está bem avançado no caminho da maestria". Essas palavras são tão verdadeiras hoje como o eram quando foram escritas pela primeira vez. Sem essa chave mestra, a maestria é impossível, e o estudante bate em vão nas muitas portas do Templo.

2. O Princípio da Correspondência

> *O que está em cima é como o que está embaixo;*
> *o que está embaixo é como o que está em cim*
> *– O Caibalion*

Esse princípio expressa a verdade de que há sempre uma correspondência entre as leis e os fenômenos dos vários planos de existência e vida. O antigo axioma hermético era expresso nas seguintes palavras: "Como acima, assim embaixo; como embaixo, assim acima". E a compreensão desse princípio proporciona a chave para solucionar muitos paradoxos obscuros e mistérios ocultos da natureza. Existem planos que nos são desconhecidos, mas, quando lhes aplicamos o princípio da correspondência, conseguimos entender muitas coisas que, do contrário, nos seria impossível conhecer. Esse princípio é de aplicação e manifestação universal nos vários planos do Universo material, mental e espiritual; é uma lei universal. Os antigos hermetistas consideravam esse princípio um dos instrumentos mentais mais importantes que permitiam ao homem afastar os obstáculos que mantinham o desconhecido velado a seus olhos. Sua aplicação chegava mesmo a rasgar o véu de Ísis, a ponto de permitir que se tivesse um vislumbre do rosto da deusa. Assim como o conhecimento dos princípios da geometria permite que o homem mensure sóis distantes e seus movimentos enquanto permanece sentado em seu observatório, o conhecimento do princípio da correspondência dá ao homem condições de raciocinar e tirar conclusões inteligentes sobre o desconhecido a partir do conhecido. Estudando a mônada, ele compreende o arcanjo.

3. O Princípio da Vibração

Nada está em repouso; tudo se move; tudo vibr
– O Caibalion

Esse princípio expressa a verdade de que "tudo está em movimento", "tudo vibra", "nada está em repouso", fatos que a ciência moderna sanciona e que cada nova descoberta científica geralmente confirma. E, não obstante, esse princípio hermético foi enunciado há milhares de anos pelos Mestres do Antigo Egito. Ele explica que as diferenças entre as diversas manifestações de matéria, energia, mente e até mesmo espírito resultam, em sua maioria, de diferentes frequências de vibração. Desde o TODO, que é puro espírito, até a forma mais grosseira de matéria, tudo está vibrando: quanto mais elevada a vibração, mais alta a posição na escala. A vibração do espírito está em uma frequência tão incalculável de intensidade e rapidez que está praticamente em repouso, tal como uma roda que gira em alta velocidade parece estar parada. Na outra extremidade da escala, existem formas grosseiras de matéria cujas vibrações são tão lentas que parecem estar em repouso. Entre esses polos, há milhões e milhões de diferentes graus de vibração. Desde o corpúsculo, o elétron, o átomo e a molécula até mundos e universos, tudo está em movimento vibratório. Isso também se aplica aos planos de energia e força (que são apenas graus diferentes de vibração), aos planos mentais (cujos estados dependem de vibrações) e até mesmo aos planos espirituais. A compreensão desse princípio, somada às fórmulas apropriadas, permite que os estudantes herméticos controlem suas próprias vibrações mentais, bem como as de outras pessoas. Os Mestres aplicam ainda esse princípio para controlar os fenômenos naturais de várias formas. "Aquele que compreende o princípio da vibração tem a posse do cetro do poder", diz um dos autores antigos.

4. O Princípio da Polaridade

> *Tudo é dual, tudo tem dois polos, tudo tem seu par de opostos. O igual e o desigual são uma só e mesma coisa. Os opostos são idênticos em natureza, mas diferentes em grau. Os extremos se tocam. Todas as verdades são meias verdades. Todos os paradoxos podem ser reconciliado – O Caibalion*

Esse princípio expressa a verdade de que "tudo é dual", "tudo tem dois polos", "tudo tem seu par de opostos", que são antigos axiomas herméticos. Ele explica os velhos paradoxos que causam perplexidade a tantas pessoas, paradoxos esses que foram assim expressos: "tese e antítese são idênticas em natureza, mas diferentes em grau"; "os opostos são a mesma coisa, que difere apenas em grau"; "os pares de opostos podem ser reconciliados"; "os extremos se tocam"; "tudo é e não é ao mesmo tempo"; "todas as verdades não passam de meias verdades"; "toda verdade é parcialmente falsa"; "tudo tem dois lados" etc. etc. etc. Tal princípio explica que em tudo há dois polos, ou aspectos opostos, e que os "opostos" são, na realidade, tão somente os dois extremos da mesma coisa, com muitos graus variados entre eles. A título de ilustração: o calor e o frio, conquanto "opostos", são, na verdade, a mesma coisa, e as diferenças consistem apenas nos graus da mesma coisa. Olhe para o seu termômetro e veja se consegue descobrir onde termina o "quente" e começa o "frio"! Não existe "calor absoluto" nem "frio absoluto": os dois termos, "calor" e "frio", indicam simplesmente os diferentes graus da mesma coisa. E essa "mesma coisa" que se manifesta como "calor" e "frio" é nada mais que uma forma, uma variedade e uma frequência de vibração. Desse modo, "calor" e "frio" são apenas os "dois polos" daquilo a que chamamos "calor", e os fenômenos que o acompanham são manifestações do princípio da polaridade. O mesmo princípio manifesta-se no caso de "luz e escuridão", que são a mesma coisa, a diferença consistindo nos diferentes graus entre os dois polos do fenômeno. Onde cessa a "escuridão" e começa a "luz"? Qual é a diferença entre "grande e pequeno"? Entre "rígido e tenro"? Entre "preto e branco?" Entre "afiado e cego"? Entre "barulho e silêncio"? Entre "alto e baixo"? Entre "positivo e negativo"? O princípio da polaridade explica esses paradoxos, e nenhum outro princípio pode suplantá-lo. O mesmo princípio opera no plano mental. Tomemos um exemplo radical e extremo, o de "amor e ódio", dois estados mentais que parecem totalmente diferentes. Apesar disso, há graus de ódio e graus de amor, e um ponto intermediário em que usamos os termos "gostar e não gostar", que se permutam um no outro de forma tão gradual que, por vezes, não conseguimos saber se "gostamos", se "não gostamos" ou se não sentimos "nem uma coisa nem outra". E tudo isso são apenas graus da mesma coisa, como você verá se parar um instante e pensar a respeito. E, mais que isso (e que os hermetistas julgam ainda mais importante), é possível transformar as vibrações de ódio nas vibrações do amor, na própria mente e na mente dos outros. Muitos dos que estão lendo estas linhas já tiveram experiências pessoais da transição rápida e involuntária do amor para o ódio, e vice-versa, em si mesmos e nos outros. E, portanto, você perceberá a possibilidade de se alcançar isso pelo uso da vontade, por meio das fórmulas herméticas. O "bem e o mal" não são senão polos da mesma coisa, e o hermetista conhece a arte de transmutar o mal em bem pela aplicação do princípio da polaridade. Em suma, a "arte da polarização" torna-se uma fase da "alquimia mental" conhecida e praticada pelos Mestres herméticos antigos e modernos. A compreensão do princípio permitirá que a pessoa mude sua própria polaridade, bem como a de outras pessoas, se estiver disposta a dedicar o tempo e o estudo necessários para o domínio dessa arte.

5. O Princípio do Ritmo

> *Tudo tem fluxo e refluxo; tudo tem suas marés. Todas as coisas ascendem e declinam. O movimento pendular manifesta-se em tudo. A medida do movimento para a direita é a medida do movimento para a esquerda. O ritmo faz a compensaçã – O Caibalion*

Esse princípio expressa a verdade de que em tudo se manifesta um movimento regular, de um lado a outro; um fluxo e refluxo; uma oscilação para frente e para trás; um movimento semelhante ao de um pêndulo; um subir e descer como o das marés; uma maré alta e uma maré baixa entre os dois polos que existem, de acordo com o princípio da polaridade descrito há pouco. Há sempre uma ação e uma reação; um avanço e um recuo; uma ascensão e uma queda. Isso se dá nos eventos do Universo, com sóis, mundos, homens, animais, com a mente, a energia e a matéria. Essa lei se manifesta na criação e destruição dos mundos, na ascensão e queda das nações, na vida de todas as coisas e, finalmente, nos estados mentais do homem (e é com relação a estes últimos que os hermetistas consideram de suma importância a compreensão do princípio). Os hermetistas entenderam esse princípio, descobrindo sua aplicação universal, bem como certos meios de neutralizar seus efeitos em si mesmos mediante o uso de fórmulas e métodos adequados. Eles aplicam a lei mental da neutralização. Embora não consigam anular o princípio nem fazer cessar sua operação, eles aprenderam a escapar, em certa medida, de seus efeitos sobre si, dependendo de seu domínio do princípio. Os hermetistas aprenderam a usá-lo em vez de serem usados por ele. Esse método e outros semelhantes constituem a arte dos hermetistas. O Mestre do hermetismo polariza a si próprio no ponto em que deseja permanecer e, então, neutraliza a oscilação rítmica do pêndulo que tenderia a levá-lo ao outro polo. Todos os indivíduos que atingiram algum nível de domínio sobre si mesmos fazem isso em certa medida, mais ou menos inconscientemente, mas o Mestre o faz conscientemente, pelo uso de sua vontade, e alcança um grau de autodomínio e firmeza mental quase inacreditável por parte das massas que oscilam para lá e para cá como um pêndulo. Esse princípio e o da polaridade foram estudados em profundidade pelos hermetistas. Os métodos de resistir a sua ação, neutralizá-los e usá-los constitui uma parcela importante da alquimia mental hermética.

6. O Princípio da Causa e Efeito

> *Toda causa tem seu efeito; todo efeito tem sua causa. Tudo acontece de acordo com a Lei. O acaso é tão somente o nome dado a uma lei ainda não percebida. Existem muitos planos de causalidade, mas nada escapa à Le – O Caibalion*

O princípio expressa o fato de que há uma causa para todo efeito e um efeito derivado de toda causa. Ele explica que: "tudo acontece de acordo com a Lei"; que nada "acontece simplesmente"; que o acaso não existe; que, embora existam vários planos de causa e efeito, e os planos mais elevados dominem os inferiores, nada jamais escapa totalmente à Lei. Os hermetistas conhecem a arte e os métodos de erguer-se, até certo nível, acima do plano comum de causa e efeito e, elevando-se mentalmente a um plano mais alto, tornam-se causadores em vez de efeitos. As multidões são arrastadas, obedientes ao ambiente. A vontade e os desejos de pessoas mais fortes que elas, a hereditariedade, a sugestão e outras causas exteriores movimentam-nas de cá para lá como peões no tabuleiro de xadrez da vida. Contudo, os Mestres, elevando-se ao plano acima, dominam seus humores, seu caráter, suas qualidades e habilidades, bem como o ambiente que os circunda, tornando-se movimentadores em vez de peões. Eles ajudam a jogar o jogo da vida em vez de serem movimentados nesse jogo pela vontade de outros e pelo ambiente. Eles usam o princípio em vez de serem seus instrumentos. Os Mestres obedecem à causalidade dos planos superiores, mas, em seu próprio plano, ajudam a governar. Nessa afirmação está sintetizada a riqueza do conhecimento hermético; quem o leia compreenda se puder.

7. O Princípio do Gênero

> *O gênero está em tudo. Tudo tem seus princípios masculino e feminino. O gênero manifesta-se em todos os planos – O Caibalion*

Esse princípio expressa a verdade de que em tudo se manifesta o gênero: os princípios masculino e feminino estão sempre em atuação. Isso se dá não apenas no plano físico, mas também no mental e até mesmo no plano espiritual. No plano físico, o princípio manifesta-se como sexo. Nos planos superiores, ele assume formas mais elevadas, mas o princípio é sempre o mesmo. Nenhuma criação – física, mental ou espiritual – é possível sem esse princípio. A compreensão de suas leis lançará luz sobre muitos temas que causam perplexidade à inteligência humana. O princípio do gênero sempre atua na condução da geração, regeneração e criação. Toda pessoa e todas as coisas contêm os dois elementos ou princípios, ou esse grande princípio, dentro de si. Todo ente masculino também tem o elemento feminino, e todo ente feminino tem o princípio masculino igualmente. Se você deseja compreender a filosofia da criação, geração e regeneração mental e espiritual, precisa entender e estudar esse princípio hermético. Ele contém em si a solução de muitos mistérios da vida. Advertimos os leitores que esse princípio não tem relação alguma com as muitas teorias, doutrinas e práticas libidinosas sórdidas, perniciosas e degradantes ensinadas sob títulos fabulosos, e que consistem em uma prostituição do grande princípio natural do gênero. Esses ressurgimentos ignóbeis das antigas e hediondas formas de falicismo tendem a arruinar mente, corpo e alma. A filosofia hermética sempre alertou contra tais doutrinas corrompidas que levam à luxúria, à licenciosidade e à perversão dos princípios da natureza. Se os leitores estão em busca de tais doutrinas, devem procurá-los em outro lugar: o hermetismo não tem nada nessas linhas. Aos puros, todas as coisas são puras. Aos sórdidos, todas as coisas são sórdidas.

Capítulo III
Transmutação Mental

A mente (bem como os metais e os elementos) pode ser transmutada de estado em estado, de grau em grau, de condição em condição, de polo em polo, de vibração em vibração. A verdadeira transmutação hermética é uma arte mental – O Caibalion

Conforme já declaramos, os hermetistas foram os primeiros alquimistas, astrólogos e psicólogos, tendo sido Hermes o fundador dessas escolas de pensamento. Da astrologia surgiu a astronomia moderna; da alquimia nasceu a química moderna; da psicologia mística emergiu a moderna psicologia das escolas. No entanto, não se deve supor que os antigos ignorassem aquilo que as escolas modernas pensam ser sua propriedade especial e exclusiva. Os registros entalhados nas pedras do Antigo Egito evidenciam cabalmente que os antigos tinham um vastíssimo conhecimento de astronomia, e a própria estrutura das pirâmides revela a conexão entre sua planta e o estudo da ciência astronômica. Tampouco desconheciam a química, pois os fragmentos dos manuscritos antigos mostram que eles estavam familiarizados com as propriedades químicas das coisas. Na realidade, as teorias antigas sobre a física estão sendo gradualmente comprovadas pelas descobertas mais recentes da ciência moderna, sobretudo aquelas relacionadas à constituição da matéria. Também não se deve supor que desconhecessem as assim chamadas descobertas modernas da psicologia. Ao contrário, os egípcios eram muito proficientes na ciência da psicologia, principalmente nos ramos ignorados pelas escolas modernas, mas que, não obstante, se vêm desvelando sob o nome de "ciência psíquica", causando perplexidade aos psicólogos de hoje e obrigando-os a admitir, relutantes, que "talvez haja algo válido nela, afinal".

A verdade é que, subjacente à química, à astronomia e à psicologia de caráter material ou físico (ou seja, a psicologia em sua fase de "atividade cerebral"), os antigos detinham um conhecimento de astronomia transcendental, chamado astrologia; um conhecimento de química transcendental, chamado alquimia; e um conhecimento de psicologia transcendental, chamado psicologia mística. Eles tinham tanto o conhecimento interior como o conhecimento exterior, enquanto os cientistas modernos dispõem apenas do último. Dentre os muitos ramos secretos do conhecimento dos hermetistas estava aquele conhecido como transmutação mental, que consiste no tema desta lição.

"Transmutação" é um termo que geralmente se emprega para designar a antiga arte da transmutação de metais, sobretudo dos metais de pouco valor em ouro. A palavra "transmutar" significa "mudar de uma natureza, forma ou substância em outra; transformar" (Webster). E, do mesmo modo, "transmutação mental" significa a arte de mudar e transformar estados, formas e condições mentais em outros. Assim, os leitores podem ver que transmutação mental é a "arte da química mental", se o termo lhes agrada, uma espécie de psicologia mística prática.

No entanto, isso significa muito mais do que deixa transparecer na superfície. A transmutação, alquimia ou química no plano mental é, sem dúvida, tão importante em seus efeitos que, se parasse por aí, ainda assim seria um dos ramos de estudo mais relevantes conhecidos pelo homem. Mas ela é apenas o início. Vejamos por quê!

O primeiro dos sete princípios herméticos é o princípio do mentalismo, cujo axioma é "o TODO é mente; o Universo é mental", que significa que a realidade subjacente ao Universo é mente e que o próprio Universo é mental, ou seja, "existe na mente do TODO". Estudaremos esse princípio nas próximas lições, mas analisemos seu efeito, se considerado verdadeiro.

Se o Universo é mental em sua natureza, então, a transmutação mental é necessariamente a arte de transformar as condições do Universo, nos âmbitos de matéria, força e mente. Portanto, os leitores perceberão que a transmutação mental é, na realidade, a "magia" de que os antigos autores tanto tinham a dizer em suas obras místicas, e a respeito da qual deram tão poucas instruções práticas. Se tudo é mental, então a arte que possibilita que alguém transmute condições mentais dará ao Mestre o controle das condições materiais e daquelas que, de ordinário, são entendidas como "mentais".

A propósito, apenas os alquimistas mentais avançados conseguem alcançar o grau de poder necessário para controlar as condições físicas mais grosseiras, tais como o controle dos elementos da natureza, produzir e fazer cessar tempestades, terremotos e outros grandes fenômenos físicos. Mas que tais homens tenham existido, ou existam nos dias de hoje, é uma questão de fé sincera para todos os ocultistas avançados de todas as escolas. Os melhores professores asseguram a seus alunos que os Mestres existem e têm tais poderes, tendo vivenciado experiências que justificam sua crença e declarações. Os Mestres não fazem exibições públicas de seus poderes, mas procuram afastar-se das multidões, a fim de trilhar melhor seu caminho pela Senda da Maestria. Fazemos menção de sua existência neste momento para chamar a atenção dos leitores ao fato de que seu poder é absolutamente mental e opera nas linhas da transmutação mental superior, sob o princípio hermético do mentalismo.

O Universo é mental – O Caibalion

Contudo, estudantes e hermetistas de grau inferior ao dos Mestres – os iniciados e professores – são capazes de trabalhar livremente a transmutação mental no plano mental. Na verdade, tudo o que chamamos de "fenômenos psíquicos", "influência mental", "ciência mental", "fenômenos do novo pensamento" etc., opera nessas mesmas linhas gerais, pois há um único princípio envolvido, não importa que nome se dê aos fenômenos.

O estudante e praticante da transmutação mental atua no plano mental, transmutando condições mentais, estados mentais etc. em outros, de acordo com várias fórmulas mais ou menos eficazes. Os diversos "tratamentos", "afirmações", "negações" etc. das escolas de ciência mental não passam de fórmulas, geralmente um tanto imperfeitas e não científicas, da arte hermética. A maioria dos praticantes modernos é um tanto ignorante se comparada aos antigos mestres, pois aos modernos falta o conhecimento fundamental em que o trabalho se baseia.

Não só os estados mentais da própria pessoa podem ser alterados ou transmutados pelos métodos herméticos, mas também os estados mentais de outros podem ser – e são – constantemente transmutados pelas mesmas vias, em regra inconscientemente, mas, muitas vezes, conscientemente por alguns que compreendem as leis e princípios, em casos em que as pessoas afetadas não são instruídas nos princípios de autoproteção. E, mais que isso, como sabem muitos estudantes e praticantes da ciência mental moderna, toda condição material que dependa da mente de outras pessoas pode ser transformada ou transmutada de acordo com o desejo sincero, a vontade e "tratamentos" da pessoa que quer mudar suas condições de vida. O público geral também se encontra tão informado sobre tais coisas na atualidade que não julgamos necessário mencioná-las em detalhes, visto que nosso propósito, neste ponto, é tão somente mostrar o princípio hermético e a arte hermética subjacentes às diversas formas dessa prática, boas e más, pois a força pode ser usada em direções opostas, de acordo com o princípio da polaridade.

Neste pequeno livro, apresentaremos os princípios básicos da transmutação mental, de modo que todo aquele que ler possa compreender os princípios subjacentes e, assim, apossar-se da chave mestra que abrirá as muitas portas do princípio da polaridade.

Passaremos agora ao estudo do primeiro dos sete princípios herméticos: o princípio do mentalismo, que explica a verdade de que "o TODO é mente, o Universo é mental", nas palavras d'*O Caibalion*. Pedimos a máxima atenção e o cuidadoso estudo desse grande princípio por parte de nossos estudantes, pois se trata realmente do princípio basilar de toda a filosofia hermética e da arte hermética da transmutação mental.

Capítulo IV
O Todo

Subjacente e por trás do Universo de tempo, espaço e mudança, encontrar-se-á sempre a realidade substancial: a Verdade fundamental – O Caibalion

"Substância" significa "aquilo que está subjacente a todas as manifestações exteriores; a essência; a realidade essencial; a coisa em si" etc. "Substancial" significa "que existe de fato; que é o elemento essencial; que é real" etc. "Realidade" significa "o estado de ser real; verdadeiro, duradouro; válido; fixo; permanente; factual" etc.

Subjacente e por trás de todas as aparências e manifestações externas sempre haverá uma realidade substancial. Essa é a Lei. O homem, ao estudar o Universo, do qual ele é uma unidade, não vê senão mudança na matéria, nas forças e nos estados mentais. Ele percebe que nada realmente É, mas que tudo está vindo a ser e mudando. Nada permanece fixo e imóvel: tudo está nascendo, crescendo e morrendo. No instante mesmo em que uma coisa atinge seu apogeu, ela começa a declinar. A lei do ritmo está em constante operação. Não há realidade, permanência, estabilidade ou substancialidade em nada: nada é permanente, exceto a mudança. Ele vê todas as coisas evoluindo a partir de outras e convertendo-se em outras, ação e reação constante; fluxo e refluxo; construção e dissolução; criação e destruição; nascimento, crescimento e morte. Nada perdura senão a mudança. E, se for um homem inteligente, percebe que todas essas coisas cambiantes devem ser meras aparências e manifestações exteriores de algum poder subjacente, de alguma realidade substancial.

Todos os pensadores, em todas as nações e em todos os tempos, presumiram a necessidade de postular a existência dessa realidade substancial. Todas as filosofias dignas do nome alicerçaram-se nessa ideia. Os homens deram muitos nomes a essa realidade substancial, e alguns a chamaram pelo termo deidade (sob muitos títulos). Outros a chamaram "A energia infinita e eterna", e outros ainda tentaram chamá-la "matéria", mas todos reconheceram sua existência. Trata-se de algo evidente que não precisa de argumentos.

Nestas lições, seguimos o exemplo de alguns dos maiores pensadores do mundo antigo e moderno – os Mestres herméticos – e chamamos a esse poder subjacente, essa realidade substancial, pelo nome hermético de "O TODO", termo que consideramos o mais abrangente dentre os muitos aplicados pelo homem ÀQUILO que transcende nomes e termos.

Aceitamos e ensinamos a visão dos grandes pensadores herméticos de todos os tempos, bem como daquelas almas iluminadas que alcançaram os planos superiores do ser, todos os quais afirmam que a natureza intrínseca d'O TODO é INCOGNOSCÍVEL. E assim deve ser, pois nada além d'O TODO pode compreender sua própria natureza e existência.

Os hermetistas acreditam e ensinam que, em si mesmo,

O TODO é e deve sempre ser INCOGNOSCÍVEL. Eles consideram todas as teorias, palpites e especulações dos teólogos e metafísicos com relação à natureza intrínseca d'O TODO esforços pueris de mentes mortais que desejam entender o segredo do Infinito. Tais esforços sempre fracassaram e sempre fracassarão, dada a própria natureza da tarefa. Aquele que se dedica a tais indagações anda em círculos no labirinto do pensamento, até perder toda a capacidade de raciocínio, ação e conduta sensata e tornar-se totalmente inapto para o trabalho da vida. Ele é como o esquilo que corre freneticamente no tamborzinho giratório de sua gaiola, sempre seguindo sem chegar a lugar nenhum – ao final, ainda prisioneiro, no mesmo lugar em que começou.

E tanto mais presunçosos são aqueles que tentam atribuir ao TODO sua própria personalidade, qualidades, propriedades, características e atributos, conferindo ao TODO as emoções, sentimentos e características humanas, mesmo as qualidades mais mesquinhas da humanidade, como ciúme, susceptibilidade à bajulação e ao elogio, desejo de oferendas e veneração, e todos os demais remanescentes dos dias da infância da raça. Tais ideias não são dignas de homens e mulheres amadurecidos e estão sendo descartadas rapidamente.

(Neste momento, talvez eu deva afirmar que fazemos uma distinção entre religião e teologia, entre filosofia e metafísica. Para nós, religião refere-se àquela percepção intuitiva da existência d'O TODO e a relação da pessoa com ele, ao passo que a teologia diz respeito às tentativas de alguns homens de atribuir personalidade, qualidades e características ao TODO, bem como as teorias que criam sobre suas atividades, vontade, desejos, planos e desígnios, e a assunção do ofício de "intermediários" entre O TODO e as pessoas. Para nós, a filosofia é a investigação em busca do conhecimento de coisas cognoscíveis e concebíveis, ao passo que a metafísica consiste na tentativa de levar aquela investigação para além de suas fronteiras adentro em regiões incognoscíveis e inconcebíveis, com a mesma tendência da teologia. Desse modo, para nós, religião e filosofia constituem coisas que têm suas raízes na realidade, enquanto teologia e metafísica parecem caniços quebrados, plantados na areia movediça da ignorância, sem fornecer nada além do mais inseguro suporte para a mente ou a alma do homem. Não insistimos que nossos alunos aceitem tais definições: fazemos menção a elas tão somente para mostrar nosso posicionamento. De qualquer forma, você verá muito pouco sobre teologia e metafísica nestas lições.)

No entanto, embora a natureza essencial d'O TODO seja incognoscível, existem certas verdades relacionadas a sua existência que a mente humana se vê compelida a aceitar. E a investigação de tais testemunhos constitui um objeto adequado de estudo, sobretudo na medida em que estão em consonância com os testemunhos dos Iluminados dos planos superiores. E é a esse estudo que o convidamos.

> *AQUILO que é a Verdade fundamental, a realidade substancial, não pode ser legitimamente nomeado, mas a ele os Sábios chamam O TODO – O Caibalion*

> *Em sua Essência, O TODO é INCOGNOSCÍVEL – O Caibalion*

> *Todavia, o testemunho da razão deve ser recebido cordialmente e tratado com respeito – O Caibalion*

A razão humana, cujos testemunhos e descrições devemos aceitar desde que façamos uso de nossa capacidade de raciocínio, informa-nos o seguinte a respeito d'O TODO, e isso sem tentar remover o véu da incognoscibilidade:

1. O TODO é necessariamente tudo o que realmente é [ou existe]. Nada pode existir fora d'O TODO; do contrário, O TODO não seria O TODO.

2. O TODO é necessariamente infinito, pois não há nada além para definir, confinar, demarcar, limitar ou restringir O TODO. Deve ser infinito em tempo, ou eterno; deve ter sempre existido sem cessar, pois não há outra coisa que o pudesse ter criado, e algo não pode jamais evoluir do nada, e se, por um instante que fosse, "não tivesse existido", não "seria" agora; deve existir para sempre, sem cessar, pois não há nada para destruí-lo, e jamais pode "não ser", ainda que por um instante, porque uma coisa jamais pode tornar-se nada. Deve ser infinito em espaço; deve estar em toda parte, pois não há lugar fora d'O TODO; não pode ser senão contínuo em espaço, sem intervalo, cessação, separação ou interrupção, pois não há nada que quebre, separe ou interrompa sua continuidade, e nada com que "preencher as lacunas". Deve ser infinito em poder, ou absoluto, pois não há nada que o limite, restrinja, detenha, confine, perturbe ou condicione; não está sujeito a nenhum outro poder, pois não há outro poder.

3. O TODO é necessariamente imutável, ou seja, não sujeito a mudanças em sua verdadeira natureza, pois não há nada que opere mudanças sobre ele e nada em que ele possa transformar-se, nem a partir de que pudesse ser transformado. Nele, nada se pode acrescentar e, dele, nada se pode subtrair; nele, nada pode aumentar nem diminuir; tampouco pode O TODO tornar-se maior ou menor, em nenhum aspecto. É imperioso que tenha sempre sido, e que sempre permanece-

rá, exatamente qual é agora – O TODO. Nunca houve, não há agora, nem jamais haverá coisa alguma em que ele se possa transformar.

Como O TODO é infinito, absoluto, eterno e imutável, daí segue que qualquer coisa finita, mutável, efêmera e condicionada não pode ser O TODO. E, como não há nada fora d'O TODO, na realidade, então toda e qualquer coisa finita deve ser como nada na realidade. Agora, não fique confuso, nem receoso: não estamos tentando levá-lo ao campo da Ciência Cristã sob o disfarce de filosofia hermética. Há uma reconciliação desse estado de coisas aparentemente contraditório. Tenha paciência e chegaremos aí no tempo devido.

Vemos, à nossa volta, aquilo que recebe o nome de "matéria", que constitui a base física de todas as formas. O TODO é apenas matéria? De modo algum! A matéria não pode manifestar a vida nem a mente [ou inteligência] e, como vida e mente se manifestam no Universo, O TODO não pode ser matéria, pois nada se eleva acima de sua própria fonte; nada jamais se manifesta em um efeito que não esteja na causa; nada emerge como consequente se não estiver envolvido como antecedente. Além disso, a ciência moderna informa que a matéria não existe de fato: aquilo a que chamamos matéria é tão somente "energia ou força interrompida", isto é, energia ou força em baixa frequência de vibração. Como disse um autor recente: "A matéria liquefez-se em mistério". Até mesmo a ciência material abandonou a teoria da matéria e, agora, repousa sobre o alicerce da "energia".

Então, O TODO é apenas energia ou força? Não energia e força no sentido em que os materialistas empregam tais termos, pois sua energia e sua força são entes cegos, mecânicos, destituídos de vida e mente. Vida e mente jamais podem evoluir a partir da energia ou força cega, pela razão apresentada há pouco: "Nada pode elevar-se acima de sua fonte; nada emerge se não estiver envolvido; nada se manifesta no efeito, a menos que esteja [presente] na causa". Assim, O TODO não pode ser mera energia ou força, pois, se o fosse, não haveria vida nem mente na existência, e sabemos que não é assim, pois estamos vivos e usando a mente para ponderar sobre essa questão, do mesmo que que aqueles que afirmam que energia ou força é tudo.

Ora, o que sabemos que existe no Universo e é superior à matéria ou energia: VIDA E MENTE! Vida e mente em todos os seus diversos graus de manifestação! E vocês perguntarão: "Então, pretendemos dizer que O TODO é VIDA e MENTE?" Ao que nossa resposta é: "Sim e não!" Se vocês se referem à vida e mente tal como nós, pobres mortais insignificantes, as conhecemos, responderemos: "Não!" O TODO não é isso! "Mas, a que tipo de vida e mente se refere?", indagam vocês.

A resposta é "MENTE VIVENTE", tão superior àquela que os mortais conhecem por esses termos como vida e mente; são superiores às forças mecânicas ou à matéria: MENTE VIVENTE INFINITA, se comparada à "vida e mente" finitas. Referimo-nos àquilo que as almas iluminadas se referem quando pronunciam reverentemente a palavra: "ESPÍRITO!"

"O TODO" é Mente Vivente Infinita – os Iluminados chamam-no ESPÍRITO!

Capítulo V
O Universo Mental

O Universo é mental e está contido na Mente d'O TODO – O Caibalion

O TODO é ESPÍRITO! Mas, o que é espírito? Essa pergunta não pode ser respondida, porque sua definição é praticamente a definição d'O TODO, que não pode ser explicado nem definido. Espírito é somente um nome que os homens dão à concepção mais elevada de Mente Vivente Infinita: significa "a essência verdadeira"; significa Mente Vivente, muito superior à vida e à mente como as conhecemos, tanto quanto as últimas são superiores à energia mecânica e à matéria. O Espírito transcende nosso entendimento, e usamos o termo apenas para podermos pensar n'O TODO ou falar d'ELE. Para fins de raciocínio e compreensão, é aceitável que pensemos no espírito como Mente Vivente Infinita, ao mesmo tempo em que reconhecemos nossa incapacidade de entendê-lo completamente. Precisamos fazer isso ou simplesmente parar de pensar no assunto.

Passemos agora à análise da natureza do Universo como um todo e em suas partes. O que é o Universo? Vimos que não pode existir nada fora d'O TODO. Então, o Universo é O

TODO? Não, não pode ser assim, porque o Universo parece ser constituído de multiplicidades e está mudando constantemente. Além disso, em outros aspectos, ele não é compatível com as ideias que somos compelidos a aceitar sobre O TODO, tal como descritas na lição anterior. Logo, se o Universo não é O TODO, ele deve ser o Nada: essa é a conclusão inevitável da mente, à primeira vista. Contudo, isso não responderá à indagação, pois temos a percepção da existência do Universo. Ora, se o Universo não é O TODO nem o Nada, então, o que ele pode ser? Examinemos essa questão.

Se o Universo existe, ou parece existir, ele necessariamente emana, de alguma forma, d'O TODO – deve ser uma criação d'O TODO. Mas, como é impossível que algo venha do nada, O TODO tê-lo-ia criado a partir de quê? Alguns filósofos responderam essa pergunta dizendo que O TODO criou o Universo a partir de SI MESMO, ou seja, do ser e da substância d'O TODO. Isso, porém, não pode ser, pois O TODO não pode ser dividido nem ter algo subtraído de si, como já vimos. Além disso, se assim o fosse, cada partícula do Universo não saberia que é O TODO? O TODO não poderia perder seu conhecimento de si próprio, nem se tornar de fato um átomo, ou uma força cega, ou ainda um ser vivo inferior. É verdade que alguns homens, percebendo que O TODO é realmente TUDO, e reconhecendo que eles, os homens, existiam, concluíram logo que eram idênticos ao TODO, e encheram o ar com brados de "Eu sou Deus", para divertimento das multidões e tristeza dos sábios. A afirmação do corpúsculo que dissesse "Sou o Homem!" seria modesta em comparação.

Porém, o que é o Universo afinal, se não é O TODO, nem sequer foi pelo TODO ao separar-se em fragmentos? Que outra coisa pode ser ele? De que outra coisa pode ser feito? Essa é a grande indagação. Examinemo-la cuidadosamente. Aqui vemos que o "Princípio da Correspondência" (veja o Capítulo I) vem em nosso socorro. O antigo axioma hermético "o que está em cima é como o que está embaixo" pode ser trazido à baila nesta questão. Tentemos alcançar um vislumbre dos mecanismos de funcionamento dos planos superiores mediante a análise dos nossos. O princípio da correspondência deve ser aplicado a este como a outros problemas.

Vejamos! Como o homem cria em seu próprio plano de existência? Bem, primeiro, ele pode criar construindo algo a partir de materiais exteriores. No entanto, isso não responde à pergunta, pois não há materiais fora d'O TODO com os quais ele possa criar. Em segundo lugar, o homem procria ou reproduz sua própria espécie pelo processo de geração, que é a multiplicação de si mesmo realizada pela transferência de uma parte de sua substância para sua prole. Mas isso não responde à pergunta, porque O TODO não pode transferir nem subtrair uma porção de si próprio, nem se pode reproduzir ou multiplicar, pois, no primeiro caso, haveria uma subtração d'O TODO e, no segundo, uma multiplicação ou adição a ele, e ambas as ideias são absurdas. Não existe um terceiro modo pelo qual o homem cria? Sim, existe: ele cria mentalmente! E, ao fazê-lo, não usa materiais exteriores, nem se reproduz a si mesmo e, não obstante, seu espírito permeia a criação mental.

Seguindo o princípio da correspondência, podemos supor que O TODO cria o Universo mentalmente, em um processo semelhante àquele pelo qual o homem cria imagens mentais. E é aqui que o testemunho da realidade se coaduna com o testemunho dos Iluminados, tal como apresentado em seus ensinamentos e escritos. Tais são os ensinamentos dos sábios. Tal é a doutrina de Hermes.

O TODO não pode criar de outra maneira senão mentalmente, sem usar materiais (pois não há nenhum para usar) nem se reproduzir (o que também é impossível). Não há como fugir dessa conclusão da razão que, como já dissemos, está de acordo com os principais ensinamentos dos Iluminados. Assim como vocês, estudantes, podem criar um universo em sua mente, também O TODO cria universos em sua própria Mente. Contudo, o universo dos leitores será a criação mental de uma mente finita, ao passo que o Universo d'O TODO será a criação de uma Mente Infinita. Ambas as criações são semelhantes em natureza, mas infinitamente diferentes em grau. Examinaremos com mais detalhes o processo de criação e manifestação no decorrer desta obra. Porém, este é o ponto que devemos fixar na mente neste estágio: O UNIVERSO E TUDO O QUE ELE ENCERRA É UMA CRIAÇÃO MENTAL DO TODO. De fato, TUDO É MENTE!

O TODO cria, em sua Mente Infinita, incontáveis universos que existem por éons de Tempo. E, apesar disso, para O TODO, a criação, o desenvolvimento, o declínio e a morte de um milhão de universos é como o tempo de um piscar de olhos – O Caibalion

A Mente Infinita d'O TODO é o ventre que gera universos – O Caibalion

O princípio do gênero (veja o capítulo I e outros capítulos a seguir) manifesta-se em todos os planos da vida: material, mental e espiritual. Todavia, como dissemos anteriormente, "gênero" não significa "sexo". Sexo é tão somente uma manifestação material do gênero. "Gênero" significa "relativo à geração ou criação". E sempre que qualquer coisa é gerada ou criada, em qualquer plano, o princípio do gênero necessariamente se manifesta. E isso se aplica até mesmo à criação de universos.

Agora, não se apressem a concluir que estamos ensinando que existe um Deus ou Criador masculino e um feminino. Essa ideia não passa de uma distorção de antigas doutrinas a respeito do tema. O verdadeiro ensinamento é que O TODO, em si mesmo, está acima do gênero, tal como está acima de todas as outras leis, inclusive as leis de tempo e espaço. Ele é a Lei da qual procedem as leis, e não está sujeito a elas. Mas, quando O TODO se manifesta no plano de geração ou criação, então ele age de acordo com as leis e os princípios, pois aí se movimenta em um plano inferior de existência. E, por consequência, ele manifesta o princípio do gênero, em seus aspectos masculino e feminino, no plano mental, obviamente.

Essa ideia pode parecer surpreendente a alguns daqueles que a escutam pela primeira vez, mas todos os que nos leem já a aceitaram, de forma passiva, em suas concepções cotidianas. Fala-se da paternidade de Deus e da maternidade da natureza; de Deus, o Divino Pai, e da natureza, a Mãe Universal; e, assim, instintivamente se reconhece o princípio do gênero no Universo. Não é verdade?

No entanto, a doutrina hermética não sugere uma dualidade real: O TODO é UNO, de modo que os dois aspectos são apenas aspectos de manifestação. A doutrina é que o princípio masculino que O TODO manifesta fica, de certa forma, apartado da efetiva criação mental do Universo. Ele projeta Sua Vontade em direção ao princípio feminino (que pode ser chamado "natureza") e, a partir daí, o último dá início à verdadeira obra da evolução do Universo, de simples "centros de atividade" até o homem, prosseguindo até níveis ainda mais elevados, tudo de acordo com leis da natureza bem estabelecidas e de vigência inexorável. Se os leitores preferem as antigas figuras de pensamento, podem pensar no princípio masculino como DEUS, o Pai, e no princípio feminino como NATUREZA, a Mãe Universal, de cujo ventre nascem todas as coisas. Isso é mais que uma poética figura de linguagem: trata-se de um esquema do verdadeiro processo de criação do Universo. Lembrem sempre, porém, que O TODO é Uno e que o Universo é gerado, criado e existente em sua Mente Infinita.

Para que os leitores tenham uma ideia adequada disso, talvez seja útil aplicar a lei de correspondência a si próprios e a sua mente. Vocês sabem que a parte a que chamam "eu" está, de certa forma, apartada da criação de imagens mentais em sua mente, e que essa parte testemunha tal criação. A parte de sua mente na qual acontece a geração mental pode ser chamada "mim", em contraposição ao "eu" que permanece apartado, testemunhando e examinando os pensamentos, ideias e imagens do "mim". Recordem que "o que está em cima é como o que está embaixo" e, assim, os fenômenos de um plano podem ser usados para solucionar os enigmas de planos superiores ou inferiores.

Causa algum espanto que o filho (vocês) sinta aquela reverência instintiva pelo TODO – sentimento esse a que chamamos "religião" – aquele respeito e reverência pela MENTE PAI? Causa algum espanto que, quando observam as obras e maravilhas da natureza, sintam-se tomados por um poderoso sentimento que tem suas raízes no âmago de seu ser? É à MENTE MÃE que se estão agarrando, como um bebê ao seio. Não cometam o erro de supor que o pequeno mundo que vocês veem à sua volta – a Terra, que é um mero grão de areia no Universo – seja o próprio Universo. Existem milhões e milhões desses mundos, e outros maiores. E existem milhões de milhões desses universos dentro da Mente Infinita d'O TODO. E mesmo em nosso pequeno sistema solar existem regiões e planos de vida muito mais elevados que o nosso, e seres em comparação aos quais nós, reles mortais, somos como as viscosas formas de vida que habitam o leito do oceano quando comparadas ao ser humano. Existem seres cujos poderes e atributos são superiores a todos os que o homem já imaginou que os deuses tivessem. E, não obstante, tais seres já foram como vocês, e inferiores; e vocês serão como eles, e ainda superiores, com o tempo, pois esse é o destino do homem, como relatam os Iluminados.

Além disso, a morte não é real, nem mesmo no sentido relativo: ela não é senão o nascimento para uma nova vida, e vocês seguirão adiante, rumo a planos de vida cada vez mais elevados, por éons e éons de tempo. O Universo é seu lar, e vocês explorarão seus recônditos mais longínquos antes do fim dos tempos. Vocês habitam na Mente Infinita d'O TODO, e suas possibilidades e oportunidades são infinitas, no tempo e no espaço. E, ao final do Grande Ciclo de Éons, quando O TODO trouxer de volta a si todas as suas criações, vocês irão alegremente, pois, então, serão capazes de conhecer a plenitude da Verdade de serem Um com O TODO. Esse é o testemunho dos Iluminados, aqueles que estão bem avançados na Senda.

E, nesse ínterim, permaneçam calmos e serenos: vocês estão seguros e protegidos pelo poder infinito da MENTE PAI-MÃE.

Dentro da Mente Pai-Mãe, os filhos mortais estão em casa – O Caibalion

Não há um único órfão, nem de Pai, nem de Mãe, no Universo – O Caibalion

Capítulo VI
O Paradoxo Divino

Os parcialmente sábios, reconhecendo a irrealidade relativa do Universo, imaginam poder desafiar suas leis – não passam de tolos arrogantes e presunçosos, que são dilacerados contra as rochas e despedaçados pelos elementos, por causa de sua loucura. Os verdadeiramente sábios, conhecendo a natureza do Universo, usam a Lei contra as leis, o superior contra o inferior, e, pela arte da alquimia, transmutam o que é indesejável naquilo que é valioso e, assim, triunfam. A maestria consiste não em sonhos extraordinários, visões e ilusões ou vida fantásticas, mas em usar as forças superiores contra as inferiores, escapar às dores dos planos inferiores vibrando nos superiores. A transmutação, e não a negação presunçosa, é a arma do Mestre – O Caibalion

Esse é o paradoxo do Universo, consequência do princípio da polaridade que se manifesta quando O TODO começa a criar. Ouçam bem, pois isso indica a diferença entre a sabedoria imperfeita e a sabedoria! Embora, para O TODO INFINITO, o Universo, suas leis, suas potências, sua vida e seus fenômenos sejam como coisas testemunhadas no estado de meditação ou sonho, para tudo quanto é finito, o Universo deve ser tratado como real e, portanto, a vida, a ação e o pensamento devem fundamentar-se nele, embora com uma compreensão constante da Verdade Superior. Cada um de acordo com seu próprio plano e suas próprias leis. Se O TODO imaginasse que o Universo era, de fato, a realidade, então, infeliz do Universo, pois não haveria como passar do inferior ao superior, rumo ao divino: o Universo haveria de tornar-se algo imutável, e o progresso seria impossível. E se o homem, por causa da sabedoria imperfeita, age, vive e pensa no Universo como se fora apenas um sonho (semelhante a seus próprios sonhos finitos), então, realmente, o Universo assim se torna para ele, e, como um sonâmbulo, ele anda cambaleando em círculos, sem progredir, forçado enfim a despertar pela dor dos hematomas e sangramentos de suas quedas ao tropeçar nas leis naturais que ignorou. Tenham a mente sempre na estrela, mas deixem os olhos vigiar seus passos, para que vocês não caiam no lodo enquanto olham para cima. Lembrem-se do paradoxo divino: embora o Universo NÃO EXISTA, ainda assim, ELE EXISTE. Lembrem-se sempre dos dois polos da Verdade: o absoluto e o relativo. Cuidado com as meias-verdades!

O que os hermetistas conhecem como "a lei do paradoxo" é um aspecto do princípio da polaridade. Os escritos herméticos estão repletos de referências ao fenômeno do paradoxo no estudo dos problemas da vida e da existência. Os professores alertam constantemente seus alunos sobre o erro de omitir o "outro lado" de qualquer questão. E suas advertências dizem respeito, sobretudo, aos problemas do absoluto e do relativo, que causam perplexidade a todos os estudantes de filosofia que levam tanto a pensar e agir contrariamente ao que se entende por "bom senso". E exortamos todos os alunos a compreender de fato o paradoxo divino do absoluto e do relativo, para que não fiquem atolados no lodo da meia-verdade. Foi com vistas a isso que transmitimos esta lição. Ouçam-na com atenção!

O primeiro pensamento que ocorre ao homem racional depois de perceber a verdade de que o Universo é uma criação mental d'O TODO é que o Universo e tudo o que ele encerra não passa de mera ilusão e irrealidade, e contra isso seus instintos se revoltam. No entanto, essa verdade deve ser considerada do ponto de vista do absoluto e do ponto de vista do relativo, como aliás todas as outras grandes verdades. Da perspectiva do absoluto, obviamente, o Universo tem o caráter de uma ilusão, um sonho, uma fantasmagoria quando comparado ao TODO em si próprio. Reconhecemos isso até mesmo em nossa percepção corriqueira das coisas, pois falamos do mundo como um "espetáculo efêmero" que vem e vai, nasce e morre – afinal, o elemento da impermanência e do acaso, da finitude e da insubstancialidade sempre estará associado à ideia de um Universo criado, quando em contraste com a ideia d'O TODO, não importa quais possam ser nossas crenças no tocante à natureza de ambos. O filósofo, o metafísico, o cientista e o teólogo concordam com essa ideia, que é encontrada em todas as formas de pensamento filosófico e em todas as concepções religiosas, bem como nas teorias das respectivas escolas de metafísica e teologia.

Desse modo, as doutrinas herméticas não pregam a insubstancialidade do Universo com termos mais enfáticos do que aqueles conhecidos do leitor, embora sua apresentação do tema possa parecer um pouco mais surpreendente. Qualquer coisa que tenha princípio e fim deve ser, de certa forma, irreal e falsa, e o Universo submete-se a essa regra em todas as escolas de pensamento. Do ponto de vista do absoluto, não há nada real exceto O TODO, quaisquer que sejam os termos que possamos usar para pensar sobre o assunto ou discuti-lo. Seja o Universo constituído de matéria, ou seja ele uma criação mental na Mente d'O TODO, ele é insubstancial, passageiro, um ente de tempo, espaço e mudança. Queremos que os leitores tenham plena compreensão desse fato antes de fazer qualquer julgamento com relação ao conceito hermético da natureza mental do Universo. Meditem acerca de qualquer dos demais conceitos e vejam se isso não se lhes aplica.

Contudo, o ponto de vista do absoluto mostra tão somente um lado do cenário – o outro lado é o ponto de vista do relativo. A Verdade Absoluta foi definida como "as coisas tais como a mente de Deus as conhece", ao passo que a verdade relativa consiste nas "coisas tais como a razão superior do homem as compreende". E, assim, enquanto, para O TODO, o Universo é necessariamente irreal e ilusório, mero sonho ou resultado de meditação, para as mentes finitas, porém, fazendo parte daquele Universo e vendo-o por meio de faculdades mortais, o Universo é, de fato, muito real e como tal deve ser considerado. Ao reconhecermos a perspectiva do absoluto, não devemos cometer o erro de ignorar ou negar os fatos e fenômenos do Universo tal como se apresentam a nossas faculdades mortais. Lembrem-se: não somos O TODO.

Tomando exemplos que nos são familiares: todos nós reconhecemos o fato de que a matéria "existe" para nossos sentidos; agiremos mal se não o fizermos. E, não obstante, mesmo nossa mente finita compreende o axioma científico de que, do ponto de vista científico, não existe matéria: aquilo a que chamamos matéria é tido por mera agregação de átomos, sendo os próprios átomos tão somente o agrupamento de unidades de força chamadas elétrons ou "íons", que vibram e estão em constante movimento circular. Quando chutamos uma pedra, sentimos o impacto: ele parece real. Apesar disso, sabemos que se trata apenas daquilo que afirmamos acima. Mas, não se esqueçam que nosso pé, que sente o impacto por intermédio de nosso cérebro, também é matéria e, portanto, constituído de elétrons, como, a propósito também nosso cérebro. E, se não fosse por causa de nossa mente, nem sequer conheceríamos o pé ou a pedra.

Da mesma forma, o ideal que o artista ou escultor tenta reproduzir em pedra ou sobre a tela parece-lhe muito real. Assim igualmente os caracteres na mente do escritor ou dramaturgo, que os busca expressar de modo que outras pessoas os possam reconhecer. E, se isso é verdade no que diz respeito a nossa mente finita, qual deve ser o grau de realidade das imagens mentais criadas na Mente do Infinito? Ah, amigos, para os mortais, este Universo de estrutura mental é, de fato, muito real: é o único que temos condições de conhecer, ainda que nos elevemos de plano em plano, subindo cada vez mais alto nele. Para conhecê-lo de outra maneira que não pela experiência tangível, precisamos ser O TODO. É verdade que, quanto mais alto nos elevamos na escala, mais nos aproximamos da "mente do Pai" e mais evidente se mostra a natureza ilusória das coisas finitas, mas é somente quando O TODO enfim nos absorve em si que a visão realmente desaparece.

Logo, não precisamos delongar-nos no aspecto da ilusão. Antes, reconhecendo a verdadeira natureza do Universo, busquemos compreender suas leis mentais e tentar usá-las da melhor forma possível para nosso progresso ascendente ao longo da vida, enquanto viajamos de plano em plano de existência. As leis do Universo não são menos "leis férreas" por causa de sua natureza mental. Todos, com exceção d'O

TODO, estão submetidos a elas. O que está NA MENTE INFINITA DO TODO é REAL em um grau secundário tão somente com relação àquela Realidade que está inserida na natureza d'O TODO.

Portanto, não se sintam inseguros nem tenham medo: estamos todos FIRMEMENTE CONTIDOS NA MENTE INFINITA DO TODO, e não há nada que nos possa ferir ou precisemos temer. Não existe poder fora d'O TODO que nos possa afetar. Assim, podemos ficar tranquilos e seguros. Há um mundo de conforto e segurança nesse entendimento, uma vez que se chega a ele. Então, "dormimos tranquilos e em paz, embalados no berço do firmamento", descansando em segurança no seio do oceano da Mente Infinita, que é O TODO. Realmente, n'O TODO "vivemos, nos movemos e somos".

A matéria não é menos matéria para nós enquanto vivemos no plano da matéria, embora saibamos que ela é apenas um agregado de "elétrons", ou partículas de força, vibrando depressa e girando em redor uns dos outros nas formações de átomos que, por sua vez, vibram e giram, formando moléculas que, por sua vez ainda, formam massas maiores de matéria. Tampouco a matéria se torna menos matéria quando levamos a investigação adiante, e descobrimos, a partir das doutrinas herméticas, que a "força" de que os elétrons são meras unidades é tão somente uma manifestação da Mente d'O TODO e, como tudo o mais no Universo, é puramente mental em sua natureza. Enquanto no plano da matéria, precisamos reconhecer seus fenômenos: podemos controlar a matéria (como o fazem todos os Mestres em maior ou menor grau), mas o fazemos por meio da aplicação das forças superiores. Cometemos um despautério quando tentamos negar a existência da matéria no aspecto relativo. Podemos negar seu domínio sobre nós (e com toda a razão), mas não devemos tentar ignorá-la em seu aspecto relativo, ao menos enquanto vivemos em seu plano.

Do mesmo modo, as leis da natureza não se tornam menos constantes ou efetivas quando descobrimos que também elas são meras criações mentais. Elas estão em pleno efeito nos vários planos. Dominamos as leis inferiores pela aplicação de leis ainda mais elevadas, e somente dessa maneira. Mas não podemos escapar à Lei ou nos elevarmos totalmente acima dela. Nada senão O TODO pode escapar à Lei, e isso porque O TODO é a própria Lei da qual todas as leis emergem. Os Mestres mais adiantados podem alcançar os poderes geralmente atribuídos aos deuses dos homens. Existem incontáveis escalões de seres na grande hierarquia da vida, e sua natureza e poder transcendem até mesmo a dos mais elevados Mestres entre os homens, atingindo um nível impensável aos mortais. Ainda assim, mesmo o Mestre mais elevado, e o Ser mais elevado, devem curvar-se à Lei, e são como nada aos olhos d'O TODO. De modo que, se mesmo esses Seres excelsos, cujos poderes excedem até mesmo aqueles que os homens atribuem a seus deuses – se mesmo eles estão adstritos à Lei e lhe são subservientes, então, imaginem a presunção do homem mortal, de nossa raça e nível, quando ousa considerar "irreais", visionárias e ilusórias as leis na natureza, porque, por acaso, foi capaz de compreender a verdade de que as leis são de natureza mental, meras Criações Mentais d'O TODO. Aquelas leis que, pela vontade d'O TODO, são leis soberanas, não devem ser desafiadas nem desprezadas sob qualquer argumentação. Enquanto o Universo existir, elas perdurarão, pois o Universo existe em virtude de tais leis, que formam sua estrutura e que o mantêm unido.

Embora explique a verdadeira natureza do Universo com

a premissa de que tudo é mental, o princípio hermético do mentalismo não altera os conceitos científicos de Universo, vida ou evolução. Na realidade, a ciência apenas corrobora as doutrinas herméticas. As últimas ensinam tão somente que a natureza do Universo é "mental", ao passo que a ciência ensina que ele é "material", ou (recentemente) que, em última análise, é "energia". As doutrinas herméticas não encontram equívoco nenhum no princípio básico de Herbert Spencer,[1] que postula a existência de uma "Energia infinita e eterna da qual procedem todas as coisas". Na verdade, o hermetismo reconhece, na filosofia de Spencer, a máxima declaração do mecanismo das leis naturais que já foi enunciada, e acredita que Spencer tenha sido uma reencarnação de um antigo filósofo que viveu no Antigo Egito milhares de anos atrás e que, mais tarde, encarnou-se como Heráclito, o filósofo grego que viveu por volta de 500 a.C. Além disso, os hermetistas consideram sua afirmação da "energia infinita e eterna" um conceito estritamente de acordo com as doutrinas herméticas, sempre acrescentando seu próprio ensinamento de que a "energia" de Spencer é a energia da Mente d'O TODO. Com a chave mestra da filosofia hermética, aquele que estuda Spencer será capaz de abrir muitas portas dos conceitos filosóficos mais profundos do grande filósofo inglês, cuja obra revela os resultados da preparação feita em suas encarnações anteriores. Seus ensinamentos com relação à evolução e o ritmo estão em quase perfeita harmonia com as doutrinas herméticas referentes ao princípio do ritmo.

Portanto, o estudante do hermetismo não precisa abandonar nenhuma de suas diletas visões científicas a respeito do Universo. Pede-se dele tão somente que compreenda o princí-

[1] Herbert Spencer (1820–1903). Filósofo, biólogo e antropólogo inglês.

pio subjacente de que "O TODO é mente, o Universo é mental e está contido na mente d'O TODO". Ele descobrirá que os outros seis, dos sete princípios, serão "compatíveis" com seu conhecimento científico e servirão para desvelar pontos obscuros e iluminar recessos ocultos. E isso não é de admirar quando percebemos a influência do pensamento hermético dos primeiros filósofos da Grécia, sobre cujos alicerces intelectuais repousa a maior parte das teorias da ciência moderna. A aceitação do primeiro princípio hermético (mentalismo) é o único grande ponto que separa a ciência moderna e os estudantes herméticos. E a ciência está, aos poucos, avançando na direção do posicionamento hermético ao tatear no escuro um caminho para fora do labirinto em que vagueia em busca da realidade.

O propósito desta lição é gravar na mente de nossos estudantes o fato de que, para todos os efeitos, o Universo e suas leis e fenômenos são tão REAIS, no que diz respeito ao homem, como o seriam sob as hipóteses do materialismo ou da doutrina da energia. Em todas as hipóteses, o Universo, em seu aspecto exterior, é mutável, transitório e está sempre em movimento, sendo, portanto, destituído de substancialidade e realidade. No entanto (observem o outro polo da verdade), segundo aquelas mesmas hipóteses, somos compelidos a agir e viver como se as coisas efêmeras fossem reais e substanciais. Com uma diferença, que está sempre presente entre elas: nas visões antigas, o poder mental era ignorado enquanto força natural, ao passo que, na hipótese do mentalismo, ele se torna a principal força natural. E essa única diferença transforma radicalmente a vida daqueles que compreendem o princípio, com suas leis e aplicação prática.

Por fim, alunos, compreendam a superioridade do mentalismo e aprendam a perceber, usar e aplicar as leis que dele resultam. Mas não caiam na tentação que, como declara *O Caibalion*, sobrevém aos parcialmente sábios, que ficam hipnotizados com a óbvia irrealidade das coisas e, em consequência, começam a vaguear como pessoas oníricas que vivem em um mundo de sonhos, ignorando o trabalho prático e a vida do homem, e cujo fim é ser "dilacerados contra as rochas e despedaçados pelos elementos, por causa de sua loucura". Em vez disso, sigam o exemplo dos sábios, dos quais a mesma autoridade afirma que "usam a Lei contra as leis, o superior contra o inferior, e, pela arte da alquimia, transmutam o que é indesejável naquilo que é valioso, e assim triunfam". Seguindo a autoridade, evitemos a sabedoria parcial (que é loucura) que ignora a verdade de que: "A maestria consiste não em sonhos extraordinários, visões e ilusões ou vida fantásticas, mas em usar as forças superiores contra as inferiores, escapar às dores dos planos inferiores vibrando nos superiores". Estudantes, nunca esqueçam que: "A transmutação, e não a negação presunçosa, é a arma do Mestre". As citações acima foram extraídas d'*O Caibalion* e devem ser memorizadas pelo estudante.

Não vivemos em um mundo de sonhos, mas em um Universo que, embora relativo, é real no que diz respeito a nossa vida e nossas ações. Nossa tarefa no Universo não é negar sua existência, mas viver, usando as leis para elevarmo-nos do inferior ao superior; seguir vivendo, fazendo o nosso melhor diante das circunstâncias que emergem a cada dia e, na medida do possível, de acordo com nossas melhores ideias e ideais. Aos homens, não é dado conhecer o verdadeiro significado da vida neste plano (se é que, de fato, é revelado a alguém), mas as maiores autoridades e nossas próprias intuições ensinam que não erraremos se vivermos de acordo com o melhor que há em nós, na medida do possível, e percebermos a tendência universal nessa mesma direção, apesar dos claros indícios em contrário. Estamos todos na Senda, e a estrada leva sempre para o alto, com muitos lugares para descanso.

Leiam a mensagem d'*O Caibalion* e sigam o exemplo dos "sábios", evitando o erro dos "parcialmente sábios", que perecem por causa de sua loucura.

Capítulo VII
"O Todo" em Tudo

Embora tudo esteja n'O TODO, também é verdade que O TODO está em tudo. Aquele que realmente compreende essa verdade alcançou grande conhecimento – O Caibalion

Quantas vezes a maioria das pessoas ouviu a repetida afirmação de que sua Deidade (chamada por muitos nomes) era "Tudo em Tudo" e quão pouco pressentiu a profunda verdade oculta que jaz escondida nessas palavras pronunciadas de forma tão descuidada? Essa expressão corriqueira é um remanescente da antiga máxima hermética citada acima. Como diz *O Caibalion*: "Aquele que realmente compreende essa verdade alcançou grande conhecimento". E, sendo assim, busquemos essa verdade, cuja compreensão é tão importante. Nessa verdade declarada – nessa máxima hermética – está escondida uma das maiores verdades filosóficas, científicas e religiosas.

Já apresentamos a doutrina hermética atinente à natureza mental do Universo, a verdade de que "o Universo é mental e está contido na Mente d'O TODO". Conforme afirma *O Caibalion*, na passagem citada acima, "Tudo está n'O TODO".

Mas, observem a declaração correlata: "também é verdade que O TODO está em tudo". Essa declaração aparentemente contraditória é reconciliável pela lei do paradoxo. Além disso, ela constitui uma descrição hermética exata das relações que existem entre O TODO e seu Universo Mental. Vimos como "Tudo está n'O TODO". Examinemos agora o outro aspecto do tema.

As doutrinas herméticas significam basicamente que O TODO está imanente ("permanece dentro, é inerente, reside dentro") em seu Universo e em toda parte, partícula, unidade ou combinação dentro do Universo. Essa afirmação costuma ser ilustrada pelos professores com uma referência ao princípio da correspondência. O professor orienta o estudante a criar uma imagem mental de algo – uma pessoa, uma ideia, algo que tenha uma forma mental, sendo o exemplo preferido o do pintor ou escultor que cria a imagem de um ideal que deseja expressar com sua arte. Em cada caso, o estudante perceberá que, embora a imagem tenha sua própria existência e exista apenas em sua mente, ele – o estudante, o escritor, o dramaturgo, o pintor ou o escultor – está, de certa forma, também imanente na imagem mental, e permanece dentro dela, reside nela. Em outras palavras, toda a virtude, vida e espírito de realidade na imagem mental deriva da "mente imanente" do pensador. Pensem nisso por um instante, até que a ideia seja compreendida.

Para tomarmos um exemplo moderno, digamos que Otelo, Iago, Hamlet, Lear e Ricardo III existissem apenas na mente de Shakespeare ao tempo de sua concepção ou criação. Apesar disso, Shakespeare também existia em cada uma dessas personagens, dando-lhes sua vitalidade, seu espírito e sua ação. De quem é o "espírito" das personagens que conhecemos como Micawber, Oliver Twist, Uriah Heep – é o de Dickens, ou cada uma dessas personagens tem um espírito pessoal, independente de seu criador? A Vênus de Médici, a Madona Sistina e o Apolo Belvedere têm, cada qual, espírito e realidade próprios, ou representam o poder espiritual e mental de seus criadores? A lei do paradoxo explica que ambas as proposições são verdadeiras, vistas do ponto de vista adequado. Micawber é, ao mesmo tempo Micawber e Dickens. E, mais uma vez, embora se possa dizer que Micawber seja Dickens, Dickens não é Micawber. O homem, como Micawber, pode exclamar: "O espírito do meu Criador é inerente em mim e, não obstante, eu não sou ELE!" Como isso é diferente da meia-verdade chocante, tão veementemente anunciada por alguns dos parcialmente sábios, que enchem o ar com seus ruidosos gritos de: "Eu sou Deus!" Imaginem o pobre Micawber, ou o inescrupuloso Uriah Heep, gritando: "Eu sou Dickens"! Ou algum dos tolos prosaicos de alguma das peças de Shakespeare anunciando eloquentemente que: "Eu sou Shakespeare"! O TODO está na minhoca e, apesar disso, a minhoca está longe de ser O TODO. E, não obstante, persiste o milagre de que, embora a minhoca exista somente como um ente desprezível, criada e tendo seu ser unicamente na Mente d'O TODO, O TODO está imanente na minhoca e nas partículas necessárias para formar a minhoca. Pode haver mistério maior do que este: "Tudo n'O TODO" e "O TODO em tudo"?

É evidente que o estudante perceberá que os exemplos dados acima são necessariamente imperfeitos e inadequados, pois representam a criação de imagens mentais em mentes finitas, ao passo que o Universo é a criação de uma Mente Infinita, e a diferença entre os dois polos as separa. E, mesmo assim, trata-se de uma simples questão de grau, pois o mesmo princípio está em operação – o princípio da correspondência manifesta-se em ambos: "O que está em cima é como o que está embaixo; o que está embaixo é como o que está em cima".

E, na medida em que o homem percebe a existência do espírito intrínseco imanente em seu ser, ele ascenderá na escala espiritual da vida. Esse é o significado do desenvolvimento espiritual: o reconhecimento, a percepção e a manifestação do espírito dentro de nós. Tentem recordar esta última definição – a de desenvolvimento espiritual. Ela encerra a Verdade da verdadeira religião.

Existem muitos planos do Ser, muitos subplanos de vida, muitos graus de existência no Universo. E todos dependem do progresso dos seres na escala, cujo ponto mais baixo é a matéria grosseiríssima, e estando o mais alto separado do Espírito d'O TODO por uma divisão extremamente tênue. Todos estão na Senda, cujo fim é O TODO. Todo progresso é um retorno ao lar. Tudo tende para o alto e adiante, apesar de todas as aparências supostamente contrárias. Essa é a mensagem dos Iluminados.

As doutrinas herméticas acerca do processo de criação mental do Universo ensinam que, no início do ciclo criativo, O TODO, em seu aspecto de Ser, projeta sua Vontade na direção de seu aspecto de "Tornar-se", inaugurando o processo de criação. Esse processo consiste na diminuição da vibração até que atinja um grau muito baixo de energia vibratória, ponto em que se manifesta a forma mais grosseira possível de matéria. Tal processo é chamado estágio de involução, no qual O TODO é "envolvido" por sua criação, fica "amalgamado" com ela. Os hermetistas acreditam que esse processo guarde certa correspondência com o processo mental de um artista, escritor ou inventor, que fica tão amalgamado com sua criação mental que quase se esquece de sua própria existência e, por um tempo, quase "vive em sua criação". Se, em vez de "amalgamado", usarmos a palavra "arrebatado", talvez possamos transmitir uma ideia melhor do significado disso.

Esse estágio involutivo da Criação é, por vezes, chamado de "efusão" da Energia Divina, assim como o estágio evolutivo é denominado "absorção". O polo extremo do processo criativo é considerado o mais afastado d'O TODO, ao passo que o início do estágio evolutivo é tido como o início do movimento de retorno do pêndulo do ritmo, acalentando-se uma ideia de "retorno ao lar" em todas as doutrinas herméticas.

De acordo com as doutrinas, durante a "efusão", as vibrações tornam-se cada vez mais baixas até que, finalmente, o impulso cessa, iniciando-se o movimento de volta. No entanto, há uma diferença: durante a "efusão", as forças criativas manifestam-se compactamente e como um todo, enquanto que, a partir do início do estágio evolutivo ou de "absorção", manifesta-se a lei da individualização, ou seja, a tendência de separação em unidades de força, de modo que, por fim, aquilo que saiu d'O TODO como energia não individualizada retorna para sua fonte como incontáveis unidades de vida altamente desenvolvidas, tendo ascendido cada vez mais na escala por meio de evolução física, mental e espiritual.

Os antigos hermetistas usam a palavra "meditação" para descrever o processo de criação mental do Universo na Mente d'O TODO, sendo a palavra "contemplação" frequentemente empregada também. Mas a ideia que pretendem transmitir parece ser a do emprego da atenção divina. "Atenção" é uma palavra de raiz latina com o significado de "estender-se para fora, para alcançar algo" e, portanto, o ato de atenção é, na verdade, um "estender-se" da energia mental, de modo que a ideia subjacente é imediatamente compreendida quando investigamos o real significado de "atenção".

As doutrinas herméticas a respeito do processo de evolução ensinam que O TODO, tendo meditado no início da Criação e, assim, estabelecido os fundamentos materiais do Universo e trazido o mesmo à existência por seu pensamento, desperta gradualmente de sua meditação e, ao fazê-lo, começa a manifestação do processo de evolução, sucessivamente nos planos material, mental e espiritual. Assim, inaugura-se o movimento ascendente, e tudo começa a mover-se na direção do espírito. A matéria torna-se menos grosseira, surgem as unidades, as combinações começam a se formar, a vida aparece e manifesta-se em formas cada vez mais elevadas, e a mente evidencia-se cada vez mais, de maneira que as vibrações se elevem. Em suma, começa todo o processo de evolução, com todas as suas fases, desenrolando-se de acordo com as "leis do processo de absorção" que foram estabelecidas. Tudo isso leva éons e éons de tempo humano – e cada éon dura milhões e milhões de anos, mas, apesar disso, os Iluminados dizem que a criação inteira, incluindo a involução e a evolução de um Universo, é como "um piscar de olhos" para O TODO. Ao final de incontáveis ciclos de éons de tempo, O TODO retira sua atenção – sua contemplação e meditação – do Universo, pois a Grande Obra está concluída, e tudo é absorvido n'O TODO do qual emergiu. Porém, mistério dos mistérios, o espírito de cada alma não é aniquilado, mas expande-se infinitamente: criatura e Criador tornam-se um. Esse é o testemunho dos Iluminados!

Essa ilustração da "meditação" e o subsequente "despertar da meditação" do TODO é, obviamente, uma tentativa dos professores de descrever o processo infinito por meio de um exemplo finito. E, não obstante, "o que está embaixo é como o que está em cima". A diferença é apenas de grau. E, assim como O TODO desperta de sua meditação no Universo, também o homem (a seu tempo) cessa de manifestar-se sobre o plano material, retirando-se cada vez mais para junto do espírito intrínseco, que é, de fato, "o ego divino".

Desejamos abordar mais uma questão nesta lição, questão que se aproxima muito de uma invasão ao campo de especulação metafísica, conquanto nosso objetivo seja tão somente mostrar a inutilidade de tal especulação. Referimo-nos à indagação que inevitavelmente vem à mente de todos os pensadores que se aventuram na busca da Verdade. A indagação é: "Por que O TODO cria Universos?" Essa pergunta pode ser feita de diferentes formas, mas a forma acima é o cerne da questão.

Os homens já fizeram grandes esforços para responder a essa indagação, mas ainda não se encontrou resposta digna do nome. Alguns imaginaram que O TODO tivesse algo a ganhar com a criação, mas isso é absurdo, pois o que O TODO poderia ganhar que já não possuísse? Outros procuraram a resposta na ideia de que O TODO "desejou algo para amar", e outros ainda, que ele criou por prazer ou diversão, ou porque "estava só" ou a fim de manifestar seu poder – todas elas explanações e ideias pueris pertencentes ao período da infância do pensamento.

Outros tentaram explicar o mistério supondo que O TODO se viu "compelido" a criar, em virtude de sua própria "natureza interior": seu "instinto criativo". Essa ideia é um avanço com relação às anteriores, mas seu ponto fraco está na ideia de O TODO ser "compelido" por algo, interior ou exterior. Se sua "natureza interior" ou "instinto criativo" compeliu O TODO a fazer algo, então, a "natureza interior" ou o "instinto criativo" seria o Absoluto em vez d'O TODO e, por consequência, aquela parte da proposição cai por terra. E, não obstante, O TODO efetivamente cria e se manifesta, e parece encontrar algum tipo de satisfação nisso. De modo que é difícil escapar à conclusão de que, em algum nível incomensurável, ele deve ter algo que, no homem, corresponderia a uma "natureza interior" ou "instinto criativo", com Desejo e Vontade igualmente incomensuráveis. Ele não poderia agir a menos que tivesse a vontade de agir, e não teria a vontade de agir se não desejasse agir, e não desejaria agir se não obtivesse daí alguma satisfação. E tudo isso seria próprio de uma "Natureza Interior", cuja existência poderia ser postulada de acordo com a lei da correspondência. Ainda assim, porém, preferimos pensar que O TODO age inteiramente livre de qualquer influência, tanto interna como externa. Esse é o problema que está na raiz da dificuldade, e a dificuldade que está na raiz do problema.

Estritamente falando, não se pode dizer que exista alguma "razão" para O TODO agir, pois uma "razão" implica uma "causa", e O TODO está acima da realidade de causa e efeito, exceto quando TEM A VONTADE de tornar-se uma Causa, instante em que o Princípio entra em ação. Portanto, vejam que a questão é inconcebível, assim como O TODO é Incognoscível. Tal como dizemos que O TODO simplesmente "É", somos igualmente compelidos a dizer que "O TODO AGE PORQUE AGE". Em conclusão, O TODO é Toda a Razão em Si Mesma, Toda a Lei em Si Mesma, Toda a Ação em Si Mesma, e pode-se dizer, em verdade, que O TODO é Sua Própria Razão, Sua Própria Lei, Sua Própria Ação, ou, mais ainda, que O TODO, Sua Razão, Sua Ação e Sua Lei são UM, sendo todos esses termos apenas nomes para a mesma coisa. Na opinião daqueles que estão ministrando estas lições, a resposta está circunscrita na INDIVIDUALIDADE INTERIOR d'O TODO, juntamente com o Segredo da Existência. A lei da correspondência, em nossa opinião, chega somente até aquele aspecto d'O TODO que pode ser referido como "O Aspecto do TORNAR-SE". Atrás desse aspecto está "O Aspecto do SER", no qual todas as leis se perdem na Lei, todos os princípios fundem-se no PRINCÍPIO, e O TODO, PRINCÍPIO e SER ou EXISTÊNCIA são idênticos, UM. Portanto, a especulação metafísica sobre essa questão é inútil. Abordamos o assunto aqui apenas para mostrar que reconhecemos a existência da indagação, bem como a absurdidade das respostas comuns da metafísica e da teologia.

Por fim, talvez seja do interesse de nossos estudantes saber que, embora alguns professores herméticos antigos e modernos se tenham inclinado na direção de aplicar o princípio da correspondência a essa questão, tendo por resultado a conclusão da "Natureza Interior", as lendas dizem que Hermes, o Grande, quando indagado a esse respeito por seus estudantes adiantados, respondeu-lhes fechando os lábios e pressionando-os, sem dizer palavra, de modo a indicar que não havia resposta. Contudo, sua intenção talvez tenha sido a de aplicar aquele axioma de sua filosofia que diz que "os lábios da sabedoria estão fechados, exceto aos ouvidos do entendimento", acreditando que nem mesmo seus estudantes avançados detinham o entendimento que lhes daria direito ao ensinamento. De qualquer forma, se Hermes conhecia o Segredo, ele não o revelou e, no que toca ao mundo, os lábios de Hermes estão fechados com relação a isso. E, naquilo em que o Grande Hermes hesitou em falar, que mortal ousará ensinar?

Mas, lembrem-se, qualquer que seja a resposta a essa questão, se é que, de fato, existe uma resposta, persiste a verdade de que: "Embora tudo esteja n'O TODO, também é verdade que O TODO está em tudo". O ensinamento é enfático. E podemos acrescentar as palavras com que a citação é concluída: "Aquele que realmente compreende essa verdade alcançou grande conhecimento".

Capítulo VIII
Planos de Correspondência

O que está em cima é como o que está embaixo;
o que está embaixo é como o que está em cima
– O Caibalion

O grande segundo princípio hermético expressa a verdade de que há uma harmonia, uma afinidade e uma correspondência entre os diversos planos de manifestação, vida e existência. Essa realidade é uma verdade porque tudo o que está contido no Universo emana da mesma fonte, e as mesmas leis, princípios e características aplicam-se a cada unidade de atividade, ou combinação de unidades de atividade, à medida que cada qual manifesta seus próprios fenômenos em seu respectivo plano.

Por razões de conveniência de pensamento e estudo, a filosofia hermética entende que o Universo pode ser dividido em três grandes classes de fenômenos, conhecidos como os três grandes planos, a saber:

1. O Grande Plano Físico;

2. O Grande Plano Mental;

3. O Grande Plano Espiritual.

Essas divisões são mais ou menos artificiais e arbitrárias, pois a verdade é que todas as três divisões não passam de graus ascendentes da grande escala da vida, da qual o ponto mais baixo é a matéria indiferenciada, e o ponto mais elevado é o espírito. Além disso, a transição entre os diferentes planos é gradual e paulatina, de modo que não se pode fazer uma distinção clara e precisa entre os fenômenos superiores do plano físico e os fenômenos inferiores do plano mental, ou entre os fenômenos superiores do plano mental e os fenômenos inferiores do plano espiritual.

Em suma, os três grandes planos podem ser vistos como três grandes grupos ou graus de manifestação da vida. Embora o objetivo deste pequeno livro não nos permita adentrar em uma discussão extensa ou explicação da temática desses diferentes planos, acreditamos que seja proveitoso fazer uma descrição geral dela neste momento.

Antes de qualquer coisa, porém, podemos abordar a indagação tão comumente feita pelo neófito que deseja conhecer o significado da palavra "plano", termo que tem sido usado com muita liberdade, e pouquíssimas explicações, em muitas obras recentes sobre o tema do ocultismo. A pergunta costuma ser assim formulada: "Um plano é um lugar com dimensões, ou apenas uma condição ou estado?" Nós respondemos: "Não, não é um lugar, nem uma dimensão ordinária de espaço; e ainda mais que um estado ou condição. Pode ser considerado como um estado ou condição e, apesar disso, o estado ou condição é um grau de dimensão, em uma escala que pode ser mensurada". Um tanto paradoxal, não é? Contudo, examinemos a questão. Os leitores sabem que uma "dimensão" é "uma extensão em uma linha reta, com relação à medida" etc. As dimensões ordinárias de espaço são comprimento, largura e altura, ou talvez comprimento, largura, altura, espessura ou circunferência. Mas existe outra dimensão das "coisas criadas" ou "extensão em uma linha reta" que é conhecida pelos ocultistas e pelos cientistas igualmente, conquanto os últimos ainda não lhe tenham aplicado o termo "dimensão". E essa nova dimensão, que, a propósito, é a tão especulada "quarta dimensão", é o padrão usado para determinar os graus ou "planos".

Essa quarta dimensão pode ser chamada "a dimensão da vibração". Trata-se de um fato bem conhecido da ciência moderna, bem como dos hermetistas, que expressaram essa verdade em seu "terceiro princípio hermético", segundo o qual "tudo se move; tudo vibra, nada está em repouso". Desde a manifestação mais elevada até a mais baixa, tudo e todas as coisas vibram. E elas não só vibram em frequências diferentes de movimento, mas também em direções diferentes e de maneira diferente. Os níveis de frequência das vibrações constituem os níveis de medida na escala de vibrações; em outras palavras, os níveis da quarta dimensão. E tais níveis constituem o que os ocultistas chamam de "planos". Quanto mais alto o nível da frequência da vibração, mais elevado o plano e mais elevada a manifestação de vida que ocupa aquele plano. De modo que, embora um plano não seja "um lugar" nem mesmo "um estado ou condição", ele possui qualidades comuns a ambos. Teremos mais a dizer sobre o tema da escala de vibrações em nossas próximas lições, nas quais estudaremos o princípio hermético da vibração.

Contudo, por favor, recordem que os três grandes planos não são verdadeiras divisões dos fenômenos do Universo, mas tão somente termos arbitrários usados pelos hermetistas a fim de auxiliar na consideração e estudo dos vários níveis e formas de atividade e vida universal. O átomo de matéria, a unidade de força, a mente humana e o próprio ser do arcanjo não passam de níveis ou graus em uma escala, e todos são basicamente a mesma coisa, sendo a diferença entre eles tão somente uma questão de nível e frequência de vibração. Tudo são criações d'O TODO que têm sua existência exclusivamente dentro da Mente Infinita d'O TODO.

Os hermetistas subdividem cada um dos três grandes planos em sete planos menores, e cada um destes últimos também é subdividido em sete subplanos, sendo todas essas divisões mais ou menos arbitrárias, com transições graduais entre si, e adotadas apenas por conveniência de estudo e pensamento científico.

O Grande Plano Físico (com seus sete planos menores) é aquela divisão dos fenômenos do Universo que abrange tudo o que diz respeito à física, ou às coisas, forças e manifestações materiais. Ele engloba todas as formas daquilo a que chamamos matéria, bem como todas as formas daquilo a que chamamos energia ou força. No entanto, recordem que a filosofia hermética não reconhece a matéria como um ente em si mesmo, nem como algo que tenha uma existência independente na Mente d'O TODO. As doutrinas ensinam que a matéria é tão somente uma forma de energia, ou seja, a energia em uma baixa frequência de vibrações de certo tipo. E, por consequência, os hermetistas classificam a matéria na categoria de energia, atribuindo-lhe três dos sete planos menores do grande plano físico.

Esses sete planos físicos menores são os seguintes:

1. O Plano da Matéria (A)

2. O Plano da Matéria (B)

3. O Plano da Matéria (C)

4. O Plano da Substância Etérica

5. O Plano da Energia (A)

6. O Plano da Energia (B)

7. O Plano da Energia (C)

O Plano da Matéria (A) abrange as formas de matéria em sua configuração de sólidos, líquidos e gases, tal como reconhecidos, de modo geral, nos manuais de física. O Plano da Matéria (B) abrange certas formas mais elevadas e mais sutis de matéria cuja existência a ciência moderna está começando a reconhecer apenas agora, e dentre as quais os fenômenos da matéria radiante, em suas fases de rádio etc., pertencem à subdivisão inferior desse plano menor. O Plano de Matéria (C) engloba as formas mais sutis e tênues da matéria, de cuja existência os cientistas comuns sequer suspeitam. O Plano da Substância Etérica abrange aquilo a que a ciência se refere como "o éter", uma substância extremamente tênue e elástica que permeia todo o espaço universal e atua como meio para a transmissão de ondas de energia, tais como a luz, o calor, a eletricidade etc. Essa substância etérica cria uma ligação entre a (assim chamada) matéria e a energia, e participa da natureza de cada uma delas. Contudo, as doutrinas herméticas ensinam que esse plano tem sete subdivisões (tal como todos os planos menores) e que, na realidade, existem sete éteres em vez de um só.

Em seguida, acima do Plano da Substância Etérica, há o Plano da Energia (A), que abrange as formas ordinárias de energia conhecidas pela ciência, sendo seus sete subplanos, respectivamente: calor, luz, magnetismo, eletricidade e atração (que inclui a gravitação, a coesão, a afinidade química etc.), e várias outras formas de energia apontadas por experimentos científicos, as quais, porém, ainda não receberam nomes nem classificação. O Plano da Energia (B) compreende sete subplanos de formas mais elevadas de energia ainda não descobertas pela ciência, mas que são chamadas de "forças sutis da natureza", operando em manifestações de certos tipos de fenômenos mentais, sendo o meio pelo qual tais fenômenos são possíveis. O Plano da Energia (C) abrange sete subplanos de energia tão altamente organizados que apresenta muitas das características da "vida", mas não é reconhecido pela mente humana no plano ordinário de desenvolvimento, estando disponível tão somente para uso de seres do Plano Espiritual. Essa energia é inconcebível ao homem comum e pode ser considerada quase como "poder divino", e os seres que a utilizam, como "deuses", se comparados até mesmo aos tipos humanos mais elevados que conhecemos.

O Grande Plano Mental abrange aquelas formas de "seres vivos" que conhecemos na vida ordinária, bem como certas formas outras que não são bem conhecidas, exceto pelo ocultista. A classificação dos Sete Planos Mentais Menores é mais ou menos satisfatória e arbitrária (a menos que esteja acompanhada de explicações elaboradas que fogem ao propósito desta obra em particular), mas podemos mencioná-los. São os seguintes:

1. O Plano da Mente Mineral
2. O Plano da Mente Elemental (A)
3. O Plano da Mente Vegetal
4. O Plano da Mente Elemental (B)

5. O Plano da Mente Animal

6. O Plano da Mente Elemental (C)

7. O Plano da Mente Humana

O Plano da Mente Mineral engloba os "estados ou condições" das unidades ou entes, ou grupos e combinações deles, que animam as formas que conhecemos como "minerais, substâncias químicas etc." Tais entes não devem ser confundidos com as moléculas, átomos e corpúsculos em si, sendo estes últimos tão somente os corpos ou formas materiais de tais entes, assim como o corpo humano não passa de sua forma material, não sendo "ele mesmo". Em certa medida, esses entes podem ser chamados "almas", e são seres vivos de um baixo nível de desenvolvimento, vida e inteligência: apenas pouco mais que as unidades de energia viva que constituem as subdivisões superiores do Plano Físico mais elevado. A mente comum geralmente não atribui inteligência, alma ou vida ao reino mineral, mas todos os ocultistas reconhecem sua existência, e a ciência moderna está caminhando depressa na direção do ponto de vista do hermetismo, nessa seara. As moléculas, átomos e corpúsculos têm seus "amores e ódios", "gostos e aversões", "atrações e repulsas", "afinidades e antipatias" etc., e algumas das mentes mais ousadas da ciência moderna expressam a opinião de que o desejo e a vontade, as emoções e sentimentos dos átomos diferem desses atributos humanos somente em grau. Não temos tempo nem espaço suficiente para debater essa questão aqui. Todos os ocultistas, porém, sabem que isso é fato, e os demais são orientados a buscar as obras científicas mais recentes como comprovação externa. Esse plano apresenta as sete subdivisões de praxe.

O Plano da Mente Elemental (A) abrange o estado ou condição e o nível de desenvolvimento mental e vital de uma classe de entes desconhecida ao homem comum, mas identificada pelos ocultistas. Eles são invisíveis aos sentidos humanos ordinários, conquanto existam e desempenhem seu papel no drama do Universo. Seu grau de inteligência está entre o dos entes minerais e substâncias químicas, por um lado, e o dos entes do reino vegetal, por outro. Também esse plano apresenta sete subdivisões.

O Plano da Mente Vegetal, com suas sete subdivisões, abrange os estados ou condições dos entes que constituem os reinos do mundo vegetal, cujos fenômenos vitais e mentais são bem compreendidos pela pessoa inteligente média. Muitas obras científicas interessantes sobre a "mente e vida das plantas" foram publicadas na última década. Plantas têm vida, mente e "alma", assim como as têm os animais, o homem e o super-homem.

O Plano da Mente Elemental (B), com suas sete subdivisões, abrange os estados e condições de uma forma mais elevada de "elementais" ou entes invisíveis, que desempenham seu papel na atividade geral do Universo. Sua mente e sua vida constituem uma parte da escala entre o Plano da Mente Vegetal e o Plano da Mente Animal, e seus entes participam da natureza de ambos.

O Plano da Mente Animal, com suas sete subdivisões, abrange os estados e condições dos entes, seres ou almas que animam as formas de vida animal que todos nós conhecemos. Não é necessário entrar em detalhes com relação a esse reino ou plano de vida, pois o mundo animal nos é tão familiar como nosso próprio mundo.

O Plano da Mente Elemental (C), com suas sete subdivisões, abrange aqueles entes ou seres, invisíveis como todas as formais elementais, que participam da natureza da vida animal e da vida humana em certo grau e determinadas combinações. Suas formas mais elevadas são semi-humanas em inteligência.

O Plano da Mente Humana, com suas sete subdivisões, abrange aquelas manifestações de vida e capacidade intelectual comuns ao ser humano, em seus vários estágios, níveis e divisões. Nesse contexto, queremos ressaltar o fato de que o homem médio de hoje ocupa apenas a quarta subdivisão do Plano da Mente Humana, e somente os mais inteligentes cruzaram as fronteiras da quinta subdivisão. Foram necessários milhões de anos para a raça chegar a esse estágio, e levará ainda muitos anos para que ela passe às sexta e sétima subdivisões e além. Todavia, lembrem-se, houve raças antes da nossa que passaram por esses estágios e, então, a estágios superiores. Nossa raça é a quinta (com retardatários da quarta) a trilhar a Senda. Mas existem umas poucas almas avançadas de nossa própria raça que ultrapassaram as multidões e passaram à sexta e à sétima subdivisões, e alguns poucos que foram ainda mais adiante. O homem da sexta subdivisão será o "super-homem", e o da sétima será o "ultra-homem".

Em nosso estudo dos Sete Planos Mentais Menores, fizemos menção aos três Planos Elementais apenas em termos gerais. Não queremos adentrar em detalhes desse tema neste livro, pois ele não pertence a essa parte da filosofia e das doutrinas gerais. Contudo, podemos dizer o seguinte sobre as relações desses planos com os planos mais familiares, a fim de dar aos leitores uma ideia mais clara de sua natureza: os Planos Elementais estão para os Planos de Mente e Vida Mineral, Vegetal, Animal e Humana assim como as teclas pretas do piano estão para as teclas brancas. As teclas brancas são suficientes para produzir música, mas há certas escalas, melodias e harmonias nas quais as teclas pretas desempenham seu papel e sua presença se faz necessária. Também são necessários como "elos" ou "ligações" de condições de alma, estados de ser etc., entre os vários outros planos, e neles se atingem certas formas de desenvolvimento. Este último fato lança, aos leitores que conseguem "ler nas entrelinhas", uma nova luz sobre os processos de evolução, e uma nova chave para a porta secreta dos "saltos da vida" entre um reino e outro. Os grandes reinos de elementais são inteiramente reconhecidos por todos os ocultistas, e os escritos esotéricos estão repletos de referências a eles. Os leitores da obra *Zanoni*,[2] de Bulwer-Lytton, e outros contos semelhantes, reconhecem os entes que habitam tais planos de vida.

Avançando do Grande Plano Mental ao Grande Plano Espiritual, que diremos? Como podemos explicar esses estados superiores de existência, vida e mente para inteligências ainda incapazes de assimilar e compreender as subdivisões mais elevadas do Plano da Mente Humana? É uma tarefa impossível. Podemos falar somente em termos generalíssimos. Como a luz pode ser descrita a um homem que nasceu cego? Como o açúcar pode ser explicado a um homem que jamais provou nada doce? Como a harmonia sonora pode ser explica a um homem que nasceu surdo?

Tudo o que podemos dizer é que os Sete Planos Menores do Grande Plano Espiritual (tendo cada Plano Menor suas sete subdivisões) abrigam seres dotados de vida, mente e forma tão superiores à vida, mente e forma do homem de hoje quanto este está acima da minhoca, do mineral, ou até mesmo

[2] *Zanoni*, Edward Bulwer-Lytton, Editora do Conhecimento.

de certas formas de energia ou matéria. A vida desses seres transcende tanto a nossa que não podemos sequer pensar em suas particularidades. Sua mente transcende tanto a nossa que, para eles, parece que nós nem mesmo "pensamos", e nossos processos mentais assemelham-se quase a processos materiais. A matéria de que suas formas são compostas é dos planos superiores da matérias; mais que isso, dizem que alguns estão "vestidos de pura energia". Que se pode dizer de tais seres?

Nos sete Planos Menores do Grande Plano Espiritual existem seres aos quais podemos nos referir como anjos, arcanjos, semideuses. Nos Planos Menores inferiores habitam aquelas grandes almas às quais chamamos Mestres e Adeptos. Acima deles, estão as Grandes Hierarquias das hostes angélicas, inconcebíveis ao homem; e, acima destas, estão aqueles que podem ser chamados, sem irreverência, "os deuses", tão elevados na escala da existência que seu ser, inteligência e poder assemelham-se ao que as raças de homens atribuem a seus conceitos de deidade. Esses seres estão para além até mesmo das fantasias mais irrealistas da imaginação humana, de modo que, a eles, só se pode aplicar a palavra "divinos". Muitos de tais seres, assim como as hostes angélicas, têm enorme interesse pelos eventos do Universo e desempenham neles um importante papel. Essas divindades invisíveis e auxiliares angélicos exercem sua influência, com liberdade e poder, sobre o processo de evolução e o progresso cósmico. Sua intervenção e assistência ocasionais nos assuntos humanos deram origem a muitas lendas, crenças, religiões e tradições da raça, passada e presente. Eles sobrepuseram seu conhecimento e poder ao mundo, repetidas vezes, tudo com observância da Lei d'O TODO, obviamente.

Não obstante, até mesmo os mais elevados desses seres superiores existem tão somente como criações da e na Mente d'O TODO, estando sujeitos aos processos cósmicos e às leis universais. Ainda são mortais. Podemos chamá-los "deuses", se quisermos, mas não são senão os irmãos mais velhos da raça: as almas adiantadas que superaram seus irmãos e os precederam no êxtase da absorção pelo TODO, a fim de auxiliar a raça em sua jornada ascendente pela Senda. No entanto, eles pertencem ao Universo e estão sujeitos a suas condições: são mortais e seu plano está abaixo do plano do Espírito Absoluto.

Apenas os hermetistas mais adiantados são capazes de compreender as doutrinas mais profundas sobre o estado de existência e os poderes manifestados nos Planos Espirituais. Os fenômenos são tão superiores aos dos Planos Mentais que uma tentativa de descrevê-los certamente resultaria em uma confusão de ideias. Somente aqueles cuja mente foi cuidadosamente instruída, por anos, na linha da filosofia hermética – sim, aqueles que trouxeram consigo, de outras encarnações, o conhecimento adquirido anteriormente – podem entender exatamente o que se quer dizer com a doutrina referente a tais Planos Espirituais. E grande parte dessas doutrinas mais profundas é considerada pelos hermetistas como sagrada demais, importante demais e até perigosa demais para ser disseminada ao público em geral. O estudante inteligente consegue perceber o que queremos dizer quando afirmamos que o significado do termo "espírito", tal como usado pelos hermetistas, é algo como "poder vivo", "força animada", "essência intrínseca", "essência de vida" etc., significado que não deve ser confundido com aquele que é tão comumente empregado com relação ao termo, isto é, com o sentido de "religioso, eclesiástico, espiritual, etéreo, santo" etc. Para os ocultistas, a palavra "espírito" é usada no sentido de "o princípio animador", carregando consigo a ideia de poder, energia viva, força mística etc. E os ocultistas sabem que aquilo que conhecem como "poder espiritual" pode ser empregado para o mal e para o bem (de acordo com o princípio da polaridade), fato que foi reconhecido pela maioria das religiões em seus conceitos de Satanás, Belzebu, Diabo, Lúcifer, Anjos Caídos etc. E, assim, o conhecimento relativo a tais planos é mantido no Santo dos Santos em todas as fraternidades esotéricas e ordens ocultas – na câmara secreta do Templo. Mas é preciso dizer aqui que aqueles que alcançaram elevados poderes espirituais e os usaram de forma inadequada têm um terrível destino à sua espera. O movimento do pêndulo do ritmo inevitavelmente os arrastará de volta ao extremo mais distante da existência material, de onde deverão refazer seus passos em direção ao espírito, ao longo das cansativas voltas da Senda, mas sempre com a tortura adicional de ter consigo, o tempo todo, uma recordação permanente das alturas de onde caíram por causa de suas ações perversas. As lendas dos Anjos Caídos baseiam-se em fatos verídicos, como bem sabem todos os ocultistas adiantados. A busca pelo poder egoísta nos Planos Espirituais tem por consequência inevitável a perda do equilíbrio espiritual da alma egoísta, que cai tanto quanto se havia elevado antes. Contudo, mesmo a essa alma se concede a oportunidade do retorno. Tais almas fazem a jornada de volta, pagando a terrível pena, de acordo com a Lei imutável.

Em conclusão, queremos recordar aos leitores que, de acordo com o princípio da correspondência, que expressa a verdade de que "o que está em cima é como o que está embaixo; o que está embaixo é como o que está em cima", todos os sete princípios herméticos estão em plena operação em todos os muitos planos, físicos, mentais e espirituais. O princípio da substância mental aplica-se a todos os planos, obviamente, pois todos existem na Mente d'O TODO. O princípio da correspondência manifesta-se em todos, pois existe uma correspondência, uma harmonia e uma afinidade entre os diversos planos. O princípio da vibração manifesta-se em todos os planos: na realidade, as diferenças mesmas que dão origem aos "planos" emergem da vibração, como já explicamos. O princípio da polaridade manifesta-se em cada plano, e os extremos dos polos aparentam ser opostos e contrários. O princípio do ritmo manifesta-se em cada plano, de modo que o movimento dos fenômenos tem seus altos e baixos, fluxos e contrafluxos, chegadas e partidas. O princípio da causa e efeito manifesta-se em cada plano, cada efeito tendo sua causa e cada causa, seu efeito. O princípio do gênero manifesta-se em cada plano: a energia criativa sempre se manifesta e opera em conformidade com seus aspectos masculino e feminino.

"O que está em cima é como o que está embaixo; o que está embaixo é como o que está em cima." Esse axioma hermético de muitos séculos expressa um dos grandes princípios dos fenômenos universais. Ao passarmos ao estudo dos demais princípios, veremos com ainda mais clareza a verdade da natureza universal desse grande princípio da correspondência.

Capítulo IX
Vibração

Nada está em repouso; tudo se move; tudo vibra – O Caibalion

O grande terceiro princípio hermético – o princípio da vibração – expressa a verdade de que o movimento se manifesta em tudo no Universo e nada está em repouso: tudo se move, tudo vibra e gira em círculos. Esse princípio hermético foi reconhecido por alguns dos primeiros filósofos gregos, que o incorporaram a seus sistemas. No entanto, depois disso, por séculos, os pensadores que não pertenciam às fileiras herméticas perderam-no de vista. No século XIX, porém, a ciência física redescobriu a verdade, e as descobertas científicas do século XX reuniram ainda mais provas do acerto e da realidade dessa doutrina hermética de tantos séculos.

As doutrinas herméticas ensinam não só que tudo está em constante movimento e vibração, mas que as "diferenças" entre as várias manifestações do poder universal se devem inteiramente às diferentes frequências e tipos de vibrações. E não apenas isso, mas que até mesmo O TODO, em si próprio, manifesta uma vibração incessante de intensidade tão incomensurável e tão grande rapidez de movimento que pode ser praticamente considerada repouso. Para explicar isso, os professores chamam a atenção dos estudantes para o fato de que, até mesmo no plano físico, um objeto que se mova com rapidez (tal como uma roda girando) parece estar em repouso. As doutrinas ensinam que o espírito está em um extremo do polo da vibração, sendo o outro polo certas formas extremamente grosseiras de matéria. Entre esses dois polos existem milhões e milhões de frequências e tipos diferentes de vibração.

A ciência moderna prova que tudo aquilo a que damos o nome de matéria e energia não passa de "modalidades de movimento vibratório", e alguns dos cientistas mais inovadores estão chegando depressa aos posicionamentos dos ocultistas, que sustentam que os fenômenos da mente também são modalidades de vibração ou movimento. Vejamos o que a ciência tem a dizer a respeito da questão das vibrações na matéria e na energia.

Em primeiro lugar, a ciência ensina que todo e qualquer tipo de matéria manifesta, em algum grau, as vibrações que derivam da temperatura ou calor. Seja um objeto frio ou quente (sendo ambos meros graus das mesmas coisas), ele manifesta certas vibrações de calor e, nesse sentido, está em movimento e vibração. Além disso, todas as partículas de matéria têm um movimento circular, do corpúsculo aos sois. Os planetas giram em redor de sois, e muitos deles giram em torno do próprio eixo. Os sóis giram em torno de pontos centrais maiores, e acredita-se que estes últimos girem em redor de outros ainda maiores, e assim sucessivamente, *ad infinitum*. As moléculas que compõem os tipos específicos de matéria estão em um estado de constante vibração e movimento em redor umas das outras e umas contra as outras. As moléculas são constituídas de átomos que, do mesmo modo, estão em um estado de constante movimento e vibração. Os átomos são formados de corpúsculos, por vezes chamados "elétrons", "íons" etc., os quais estão igualmente em um estado de rápida movimentação, girando em torno uns dos outros, manifestando um estado e tipo muito rápido de vibração. Assim, vemos que todas as formas de matéria manifestam vibração, de acordo com o princípio hermético da vibração.

O mesmo se dá com as diversas formas de energia. A ciência ensina que luz, calor, magnetismo e eletricidade não são senão formas de movimento vibratório ligado de alguma maneira ao éter, e provavelmente derivadas dele. A ciência ainda não tenta explicar a natureza dos fenômenos conhecidos como coesão, que é o princípio de atração molecular, nem os de afinidade química, que é o princípio de atração atômica, tampouco os da gravitação (o maior mistério dos três), que é o princípio de atração pelo qual toda partícula ou massa de matéria é atraída para todas as outras partículas ou massas. A ciência ainda não entende essas três formas de energia, mas os autores inclinam-se a pensar que também elas sejam manifestações de algum tipo de energia vibratória, fato que os hermetistas afirmam e ensinam há gerações e gerações.

O éter universal, postulado pela ciência sem que sua natureza seja compreendida claramente, é tida pelos hermetistas como nada mais que uma manifestação superior daquilo que é equivocadamente chamado de matéria, ou seja, matéria em um nível mais alto de vibração, à qual denominam "a substância etérica". Os hermetistas ensinam que essa substância etérica é de extrema tenuidade e elasticidade e permeia o espaço universal, servindo de meio para a transmissão de ondas de energia vibratória, tais como calor, luz, eletricidade, magnetismo etc. As doutrinas revelam que a substância etérica é uma ligação entre as formas de energia vibratória conhecidas como "matéria", por um lado, e "energia ou força", por outro, e que ela manifesta um grau de vibração absolutamente próprio em termos de frequência e modalidade.

Os cientistas propõem o exemplo de uma roda, pião ou cilindro girando com grande velocidade para mostrar os efeitos de frequências crescentes de vibração. O exemplo pressupõe uma roda, pião ou cilindro que gire em baixa velocidade: chamaremos esse objeto giratório de "objeto" na explanação do exemplo. Imaginemos o objeto girando lentamente. Ele pode ser logo visto, mas o som de seu movimento não chega aos ouvidos. A velocidade aumenta gradativamente. Em alguns instantes, seu movimento torna-se tão rápido que se pode ouvir um murmúrio profundo ou uma nota ou som grave. Em seguida, à medida que a velocidade aumenta, a nota sobe um grau na escala musical. Então, acelerando-se ainda mais o movimento, percebe-se a nota seguinte, mais alta. Assim, uma a uma, surgem todas as notas da escala musical, subindo cada vez mais o tom conforme aumenta a velocidade do movimento. Por fim, quando o movimento alcança certa frequência, atinge-se a última nota perceptível ao ouvido humano, e o guincho agudo e estridente desaparece, seguido de silêncio. Não se ouve nenhum som vindo do objeto giratório, pois a velocidade de seu movimento é tão alta que o ouvido humano não consegue registrar as vibrações. Então, surge a percepção de níveis crescentes de calor. A seguir, depois de algum tempo, os olhos captam um vislumbre do objeto, que começa a ganhar uma cor avermelhada escura e opaca. À medida que aumenta a velocidade do movimento, o vermelho torna-se mais vibrante. Em seguida, passa gradualmente a um laranja. O laranja transforma-se em amarelo. Seguem-se, então, um a um, as tonalidades de verde, azul, índigo e, enfim, violeta, conforme aumenta a velocidade do giro. Depois, o violeta desaparece, todas as cores desaparecem: o olho humano já não é capaz de registrá-las. No entanto, há raios invisíveis que emanam do objeto giratório, raios que são usados em fotografia, e outros raios sutis de luz. A seguir, começam a manifestar-se os raios peculiares conhecidos como "raios X" etc., à medida que a própria constituição do objeto muda. Quando atinge a frequência vibratória apropriada, passa a emitir eletricidade e magnetismo.

Quando o objeto alcança determinada frequência vibratória, suas moléculas se desintegram, reduzindo-se nos elementos originais, ou átomos. Então, os átomos, obedecendo ao princípio da vibração, separam-se nos incontáveis corpúsculos de que são constituídos. E, finalmente, até mesmo os corpúsculos desaparecem, e pode-se dizer que o objeto é composto de substância etérica. A ciência não ousa levar o exemplo adiante, mas os hermetistas ensinam que, se a frequência das vibrações continuasse a aumentar, o objeto alçaria os sucessivos estados de manifestação e manifestaria, um a um, os vários estágios mentais, e avançaria em direção ao espírito, até enfim reentrar n'O TODO, que é Espírito Absoluto. Todavia, o "objeto" teria deixado de ser um "objeto" muito antes de alcançar o estágio da substância etérica, mas, apesar disso, o exemplo é correto na medida em que mostra o efeito de frequências e modalidades de vibração cada vez mais altas. No exemplo acima, é preciso recordar que, nos estágios em que o "objeto" emite vibrações de luz, calor etc., ele não se transforma efetivamente naquelas formas de energia (que são muito mais elevadas na escala), mas atinge tão somente um nível de vibração no qual aquelas formas de energia são liberadas, em certa medida, a partir das influências restritivas de suas moléculas, átomos e corpúsculos, dependendo do caso. Aquelas formas de energia, conquanto sejam muito mais elevadas que a matéria na escala [de manifestação], estão aprisionadas e confinadas nas combinações materiais, uma vez que as energias se manifestam por intermédio de formas materiais, usando-as, mas ficam, desse modo, enredadas e confinadas em suas criações de formas materiais, o que, até certo ponto, acontece em todas as criações: a força criadora fica enredada em sua criação.

Contudo, as doutrinas herméticas vão muito além das doutrinas da ciência moderna. Elas ensinam que toda manifestação de pensamento, emoção, raciocínio, vontade ou desejo, ou qualquer estado ou condição mental, é acompanhada de vibrações, das quais uma parcela é emitida e tende a afetar a mente de outras pessoas por "indução". Esse é o princípio que produz os fenômenos da "telepatia", de influência mental e outras formas da ação e do poder de mente sobre mente, com os quais o público em geral se vem familiarizando rapidamente por causa da ampla disseminação de conhecimento oculto pelas várias escolas, cultos e professores que seguem essas linhas na atualidade.

Todo pensamento, emoção ou estado mental tem sua respectiva frequência e modalidade de vibração. E, por um esforço da vontade da pessoa, ou de outras pessoas, esses estados mentais podem ser reproduzidos, exatamente como um tom musical pode ser reproduzido fazendo-se com que um instrumento vibre em determinada frequência, e como as cores podem ser reproduzidas da mesma maneira. Pelo conhecimento do princípio da vibração, tal como aplicado aos fenômenos mentais, um indivíduo pode polarizar sua mente em qualquer grau que queira, alcançando, assim, um controle perfeito sobre seus estados mentais, disposições de ânimo etc. Do mesmo modo, ele pode afetar a mente de outros indivíduos, produzindo neles os estados mentais desejados. Em suma, ele será capaz de produzir, no plano mental, aquilo que a ciência produz no plano físico, ou seja, "vibrações à vontade". É evidente que esse poder só pode ser alcançado por intermédio de instrução, exercícios e práticas adequadas, pela ciência da transmutação mental, que é uma das ramificações da arte hermética.

Um pouco de reflexão acerca do que dissemos mostrará aos estudante que o princípio da vibração é subjacente aos maravilhosos fenômenos do poder manifestado pelos Mestres e Adeptos, que são capazes de aparentemente anular as leis da natureza, mas que, na realidade estão apenas usando uma lei contra outra, um princípio contra outros, obtendo seus resultados pela alteração das vibrações de objetos materiais ou formas de energia e, assim, realizando o que se costuma chamar de "milagres".

Como bem disse um dos antigos autores herméticos: "Aquele que compreende o princípio da vibração tem a posse do cetro do poder".

Capítulo X
Polaridade

Tudo é dual, tudo tem dois polos, tudo tem seu par de opostos. O igual e o desigual são uma só e mesma coisa. Os opostos são idênticos em natureza, mas diferentes em grau. Os extremos se tocam. Todas as verdades são meias verdades. Todos os paradoxos podem ser reconciliados – O Caibalion

O grande quarto princípio hermético – o princípio da polaridade – expressa a verdade de que todas as coisas manifestadas têm "dois lados", "dois aspectos", "dois polos", um "par de opostos" com múltiplos graus entre os dois extremos. Os velhos paradoxos que sempre causaram perplexidade à mente humana são explicados pela compreensão desse princípio. O homem sempre reconheceu algo semelhante a tal princípio e tentou expressá-lo por meio de ditados, máximas e aforismos como os seguintes: "tudo é e não é ao mesmo tempo"; "todas as verdades não passam de meias verdades"; "toda verdade é parcialmente falsa"; "tudo tem dois lados"; "todo escudo tem seu lado reverso" etc.

As doutrinas herméticas afirmam que a diferença entre coisas que parecem diametralmente opostas uma à outra é tão somente uma questão de grau. Elas ensinam que "os pares de opostos podem ser reconciliados" e que "tese e antítese são idênticas em natureza, mas diferentes em grau" e que a "reconciliação universal dos opostos" se realiza pela aceitação do princípio da polaridade. Os professores declaram que se encontram exemplos desse princípio em toda parte e [que ele pode ser compreendido] a partir de um exame da verdadeira natureza das coisas. Eles começam mostrando que espírito e matéria não são senão dois polos da mesma coisa, e que os planos intermediários não passam de graus ou níveis de vibração. Mostram que O TODO e Os Muitos são a mesma coisa, sendo a diferença tão somente uma questão de grau de manifestação mental. Assim, a LEI e as leis são os dois polos opostos de uma única coisa. Do mesmo modo o PRINCÍPIO e os Princípios, a Mente Infinita e as mentes finitas.

Então, passando ao Plano Físico, eles ilustram o princípio demonstrando que calor e frio são idênticos em natureza, sendo as diferenças mera questão de graus. O termômetro mostra muitos graus de temperatura, dos quais o polo mais baixo é chamado "frio", e o mais alto, "calor". Entre esses dois polos há muitos graus de "calor" ou "frio": chamem-nos por um ou outro nome e vocês estarão igualmente corretos. De dois graus, o mais alto é sempre "mais quente", enquanto o mais baixo é sempre "mais frio". Não existe um paradigma absoluto – tudo é uma questão de grau. Não há um ponto no termômetro em que termina o calor e começa o frio. É tudo uma questão de vibrações mais altas ou mais baixas. Os próprios termos "alto" e "baixo", que somos obrigados a usar, são apenas polos da mesma coisa: os termos são relativos. O mesmo se dá com "leste e oeste": deem a volta ao mundo na direção leste e vocês chegarão a um ponto chamado oeste em seu ponto de partida, e voltarão a partir desse ponto ocidental. Percorram uma distância suficiente na direção norte e ver-se-ão viajando para o sul, ou vice-versa.

Luz e escuridão são polos da mesma coisa, com muitos graus entre eles. Isso também se aplica à escala musical: começando pelo "dó", sobe-se até chegar a outro "dó", e assim sucessivamente, de maneira que as diferenças entre as duas extremidades do teclado são as mesmas, com muitos graus entre os dois extremos. Na escala de cores ocorre o mesmo: vibrações mais altas e mais baixas são a única diferença entre o violeta, no extremo mais alto, e o vermelho, no extremo mais baixo. Grande e pequeno são relativos, também barulho e silêncio. Rígido e tenro seguem a mesma regra. Igualmente, afiado e cego. Positivo e negativo são dois polos da mesma coisa, com incontáveis graus entre eles.

Bom e mau não são absolutos: chamamos a um extremo da escala bom, e ao outro, mau, ou a um extremo bem, e ao outro mal, de acordo com o uso dos termos. Uma coisa é "menos boa" que a coisa superior na escala; mas essa coisa "menos boa" é, por sua vez, "melhor" que a coisa imediatamente inferior a ela, e assim por diante, regulando-se o "mais ou menos" pela posição na escala.

Isso também se dá no Plano Mental. "Amor e ódio" costumam ser entendidos como coisas diametralmente opostas, absolutamente diferentes e irreconciliáveis. No entanto, aplicamos o princípio da polaridade e percebemos que não existe amor absoluto nem ódio absoluto, como coisas distintas uma da outra. Os dois são apenas termos aplicados aos dois polos da mesma coisa. Começando em qualquer ponto da escala, encontramos "mais amor" ou "menos ódio" à medida que subimos na escala, e "mais ódio" ou " menos amor" à medida que descemos nela. Isso se verifica qualquer que seja o ponto, alto ou baixo, que tomarmos como ponto de partida. Existem graus de amor e graus de ódio, e há um ponto mediano em que "o gostar e o desgostar" se tornam tão tênues que é difícil distinguir entre eles. Coragem e medo seguem a mesma regra. Os pares de opostos existem em toda parte. Onde se encontra uma coisa, encontra-se também seu oposto – os dois polos.

É essa realidade que permite ao hermetista transmutar um estado mental em outro, de acordo com a polarização. Coisas que pertencem a classes diferentes não podem ser transmutadas uma na outra, mas coisas da mesma classe podem ser transformadas, isto é, podem ter sua polaridade alterada. Portanto, amor nunca se torna leste ou oeste, nem vermelho ou violeta, mas pode transformar-se e geralmente se transforma em ódio. Do mesmo modo, o ódio pode ser transformado em amor, mudando-se sua polaridade. Coragem pode ser transmutada em medo, e vice-versa. Coisas rígidas podem ser mudadas em tenras. Coisas cegas tornam-se afiadas. Coisas quentes tornam-se frias. E assim por diante, a transmutação ocorrendo sempre entre coisas do mesmo tipo, mas de graus diferentes. Vejamos o caso do homem medroso: ao elevar suas vibrações mentais na escala de medo-coragem, ele pode ficar repleto do mais alto grau de coragem e destemor. E, da mesma forma, o homem preguiçoso pode transformar-se em um indivíduo ativo e dinâmico simplesmente polarizando dentro da escala da qualidade desejada.

O estudante que esteja familiarizado com os processos pelos quais as várias escolas de ciência mental produzem mudanças nos estados mentais daqueles que seguem seus ensinamentos, talvez não entenda, de pronto, o princípio subjacente a muitas de tais mudanças. Porém, quando se compreende o princípio da polaridade e se percebe que as mudanças mentais são ocasionadas por uma alteração de polaridade – um deslizar dentro da mesma escala – aquelas mudanças são logo compreendidas. A alteração não constitui uma transmutação de uma coisa em outra coisa completamente diferente, mas tão somente uma mudança de grau nas mesmas coisas, o que é uma diferença importantíssima. Por exemplo, valendo-nos de uma analogia do plano físico, é impossível transformar calor em aguçamento, intensidade sonora, altura etc., mas calor pode ser prontamente transmutado em frio pela simples diminuição das vibrações. Do mesmo modo, ódio e amor são mutuamente transmutáveis, tal como medo e coragem. Todavia, medo não pode ser transformado em amor, nem coragem pode ser transmutada em ódio. Os estados mentais pertencem a inúmeras classes e cada classe tem seus polos opostos, entre os quais a transmutação é possível.

O estudante logo reconhecerá que, nos estados mentais, tal como nos fenômenos dos plano físico, os dois polos podem ser classificados respectivamente como positivo e negativo. Assim, o amor é positivo em relação ao ódio; a coragem é positiva em relação ao medo; a atividade é positiva em relação à inatividade etc. Deve-se notar ainda que, mesmo àqueles que não conhecem o princípio da vibração, o polo positivo parece ser de nível mais elevado que o negativo, dominando-o facilmente. A tendência da natureza é na direção da atividade dominante do polo positivo.

Além da mudança dos polos dos estados mentais do próprio indivíduo pela operação da arte da polarização, os fenômenos de influência mental, em suas múltiplas fases, mostram que o princípio pode ser estendido de modo a englobar os fenômenos da influência de uma mente sobre a influência de outra, fenômenos sobre os quais muito se vem escrevendo e ensinando nos últimos anos. Quando se compreende que a indução mental é possível, ou seja, que estados mentais podem ser produzidos por "indução" de outras pessoas, então, podemos logo perceber de que forma determinada frequência de vibração, ou polarização de certo estado mental, pode ser transmitida a outra pessoa, mudando, assim, sua polaridade naquela classe de estados mentais. É com base nesse princípio que se obtêm os resultados de muitos "tratamentos mentais". Por exemplo, uma pessoa é "tristonha", melancólica e cheia de temores. Um cientista da área mental que eleve sua própria mente à vibração desejada por meio de sua vontade treinada, alcançando, desse modo, a polarização desejada em si mesmo, produz um estado mental semelhante no outro por indução. O resultado é que as vibrações são elevadas, e a pessoa polariza na direção da extremidade positiva da escala, em vez de seguir na direção da extremidade negativa. Desse modo, seu medo e outras emoções negativas são transmutados em coragem e estados mentais igualmente positivos. Um breve estudo mostrará que tais mudanças mentais ocorrem, quase todas, nos moldes da polarização, pois a mudança é de grau, não de natureza.

O conhecimento da existência desse grande princípio hermético permitirá que o estudante compreenda melhor seus próprios estados mentais e os de outras pessoas. Ele verá que tais estados são apenas uma questão de grau e, percebendo-o, será capaz de aumentar ou diminuir a vibração à sua vontade, a fim de mudar seus polos mentais e, dessa forma, ser o mestre de seus estados mentais em vez de ser servo e escravo dos mesmos. Com seu conhecimento, conseguirá ajudar seus pares de forma inteligente e, usando os métodos adequados, alterar a polaridade quando isso é desejável. Aconselhamos a todos os estudantes que se familiarizem com o princípio da polaridade, pois sua correta compreensão lançará luz sobre muitos temas difíceis.

Capítulo XI
Ritmo

Tudo tem fluxo e refluxo; tudo tem suas marés. Todas as coisas ascendem e declinam. O movimento pendular manifesta-se em tudo. A medida do movimento para a direita é a medida do movimento para a esquerda. O ritmo faz a compensação – O Caibalion

O grande quinto princípio hermético – o princípio do ritmo – expressa a verdade de que em tudo se manifesta um movimento rítmico, um movimento de um lado ao outro, de fluxo e refluxo, um balanço para frente e para trás, um movimento como o de um pêndulo, um subir e descer como o das marés, uma maré alta e uma maré baixa entre os dois polos manifestados nos planos físico, mental ou espiritual. O princípio do ritmo está intimamente relacionado ao princípio da polaridade descrito no capítulo anterior. O ritmo manifesta-se entre os dois polos estabelecidos pelo princípio da polaridade. No entanto, isso não significa que o pêndulo do ritmo alcance os polos extremos, pois isso raramente acontece. Na realidade, na maioria dos casos, é difícil estabelecer os opostos polares extremos. Contudo, o movimento é sempre "em direção", primeiro a um polo e, em seguida, ao outro.

Há sempre uma ação e uma reação, um avanço e um recuo, uma ascensão e um declínio manifestados em todos os aspectos e fenômenos do Universo. Sóis, mundos, homens, animais, plantas, minerais, forças, energia, mente e matéria – sim, até mesmo o espírito – manifestam esse princípio. Tal princípio se manifesta na criação e destruição de mundos, na ascensão e queda de nações, na história da vida de todas as coisas e, por fim, nos estados mentais do homem.

Começando com as manifestações do espírito, d'O TODO, é de notar que existe sempre a efusão e a absorção, a "expiração e inspiração de Brahma", nas palavras dos brâmanes. Universos são criados, atingem seu extremo inferior de materialidade e, então, começam sua subida. Sóis surgem e, alcançado o auge de seu poder, inicia-se o processo de retrogressão: depois de éons, eles se tornam massas mortas de matéria, aguardando outro impulso que recoloque suas energias internas em atividade, inaugurando um novo ciclo de vida solar. E assim é com todos os mundos: eles nascem, crescem e morrem, apenas para renascer. E assim é com todas as coisas que têm forma: eles oscilam da ação à reação, do nascimento à morte, da atividade à inatividade – e depois voltam. É assim com todas as coisas vivas: elas nascem, crescem e morrem – e então renascem. O mesmo se dá com todos os grandes movimentos, filosofias, credos, modas, governos, nações, e tudo o mais: nascimento, crescimento, maturidade, decadência, morte, e então um novo nascimento. O movimento do pêndulo está sempre em evidência.

A noite segue o dia, e o dia segue a noite. O pêndulo oscila do verão ao inverno e de volta ao verão. Os corpúsculos, átomos, moléculas e todas as massas de matéria guinam dentro do círculo de sua natureza. Não há repouso absoluto nem cessação de movimento, e todo movimento está submetido ao ritmo. O princípio é de aplicação universal. Pode ser aplicado a qualquer questão ou fenômeno de qualquer um dos muitos planos de vida. Pode ser aplicado a todas as fases da atividade humana. Há sempre uma oscilação rítmica de um polo ao outro. O pêndulo universal está sempre em movimento. As marés da vida sobem e descem, de acordo com a Lei.

O princípio do ritmo é bem compreendido pela ciência moderna e é considerado uma lei universal no tocante às coisas materiais. Todavia, os hermetistas levam o princípio muito além e sabem que suas manifestações e influência se estendem às atividades mentais do homem, o que explica a sucessão desconcertante de disposições de ânimo, sentimentos e outras alterações desagradáveis e incômodas que notamos em nós. Mas, ao estudar as operações desse princípio, os hermetistas aprenderam a escapar a sua incidência pela transmutação.

Os Mestres herméticos há muito descobriram que, embora o princípio do ritmo seja imutável e esteja sempre evidente nos fenômenos mentais, ainda assim existem dois planos de sua manifestação no que diz respeito a tais fenômenos. Eles descobriram que há dois planos gerais de consciência: o inferior e o superior. A compreensão desse fato permitiu que se elevassem ao plano superior e, desse modo, escapassem ao movimento do pêndulo ritmo que se manifesta no plano inferior. Em outras palavras, o movimento do pêndulo ocorre no plano inconsciente, e a consciência não é afetada. A isso eles chamam lei da neutralização. Sua operação consiste em elevar o ego acima das vibrações do plano inconsciente da atividade mental, de modo que a oscilação negativa do pêndulo não se manifesta na consciência. Portanto, eles não são afetados [por ela]. É como erguer-se acima de algo e deixar que ele passe por baixo de você. O Mestre hermético, ou o estudante avançado, polariza-se no polo desejado e, por um processo semelhante a "um recusar-se" a participar do movimento regressivo ou, se os leitores preferirem, a uma "negativa" de sua influência sobre si, permanece firme em sua posição polarizada, permitindo que o pêndulo mental faça o movimento de volta pelo plano inconsciente. Todo aquele que atingiu certo nível de autodomínio consegue fazê-lo mais ou menos inadvertidamente e, recusando-se a permitir que suas disposições de ânimo e estados mentais negativos o afetem, aplica a lei da neutralização. O Mestre, porém, leva isso a um grau de proficiência muito superior e, pelo uso de sua vontade, alcança um nível de equilíbrio e firmeza mental quase inacreditável àqueles que se permitem ser arrastados para lá e para cá pelo pêndulo mental das disposições de ânimo e sentimentos.

A importância disso será bem compreendida por qualquer pessoa racional que perceba como a maioria das pessoas é subjugada por disposições de ânimo, sentimentos e emoções, e quão pouco domínio de si elas demonstram. Se os leitores pararem para refletir um instante sobre isso, verão o quanto essas oscilações do ritmo afetam sua própria vida, de que maneira um período de entusiasmo foi invariavelmente seguido de um sentimento oposto e de um estado de depressão. Também que suas disposições de ânimo e períodos de coragem foram seguidos de iguais estados de medo. E assim sempre foi com a maioria das pessoas: nelas, marés de sentimento estão sempre subindo e descendo, mas elas nunca suspeitam a causa ou razão desses fenômenos mentais. A compreensão do mecanismo de atuação desse princípio dará a chave para o domínio dessas oscilações rítmicas de sentimento, permitindo que a pessoa conheça melhor a si própria e evite ser arrastada por esses fluxos e refluxos. A vontade é superior à manifestação consciente desse princípio, conquanto o princípio em si jamais possa ser aniquilado. Podemos escapar a seus efeitos, mas, de qualquer forma, o princípio opera. O pêndulo sempre oscila, embora possamos evitar de ser arrastados com ele.

Há outras características da operação desse princípio do ritmo que desejamos abordar neste momento. Seu mecanismo de atuação abrange aquilo que é conhecido como a lei de compensação. Uma das definições ou significados da palavra "compensar" é "contrabalançar", que é o sentido em que os hermetistas usam o termo. É a essa lei de compensação que *O Caibalion* se refere quando diz que: "A medida do movimento para a direita é a medida do movimento para a esquerda. O ritmo faz a compensação".

Pela lei de compensação, o movimento do pêndulo em uma direção determina o movimento na direção oposta, ou em direção ao polo oposto: um equilibra ou contrabalança o outro. No plano físico, vemos muitos exemplos dessa lei. O pêndulo do relógio cobre certa distância à direita e, em seguida, igual distância à esquerda. As estações equilibram-se e compensam-se da mesma forma. As marés obedecem à mesma lei. E essa mesma lei se manifesta em todos os fenômenos de ritmo. O pêndulo, com um movimento curto em uma direção, descreve somente um movimento curto na outra, ao passo que um longo movimento para a direita invariavelmente implica um longo movimento para a esquerda. Um objeto arremessado para cima, atingindo determinada altura, tem de percorrer igual distância em seu retorno. A força com que se atira um projétil a um quilômetro e meio de altura é reproduzida quando o projétil volta à terra em sua jornada de regresso. Essa lei é imutável no plano físico, como mostrará uma consulta às autoridades consagradas.

No entanto, os hermetistas atribuem-lhe incidência mais ampla, ensinando que os estados mentais de um homem estão submetidos à mesma lei. O homem que desfruta de grande alegria está sujeito a grande sofrimento, ao passo que quem sente pouca dor é capaz de sentir pouca alegria. O porco sofre pouco mentalmente, mas se alegra pouco: assim se dá a compensação. E, por outro lado, há outros animais que se alegram intensamente, mas cujo organismo nervoso e temperamento fazem com que sofram graus extremos de dor. É isso o que se dá com o homem. Existem temperamentos que permitem apenas baixos níveis de alegria, e níveis igualmente baixos de sofrimento, enquanto existem outros que permitem a mais intensa alegria, mas também o mais intenso sofrimento. A regra é que, em cada indivíduo, a capacidade para a dor e o prazer esteja em equilíbrio. A lei de compensação está em pleno vigor nisso.

Todavia, os hermetistas vão ainda mais adiante nessa matéria. Eles ensinam que, antes que alguém seja capaz de desfrutar de certo grau de prazer, deve ter mergulhado, na mesma proporção, em direção ao outro polo desse sentimento. Acreditam, porém, que o negativo anteceda ao positivo nesse âmbito, o que significa que, ao vivenciar determinado nível de prazer, não se segue que a pessoa terá de "pagar por isso" com um nível equivalente de dor. Ao contrário, de acordo com a lei de compensação, o prazer é o movimento rítmico que compensa um nível de dor previamente vivenciado, seja na vida atual, seja em uma encarnação anterior. Isso lança nova luz sobre a problemática da dor.

Os hermetistas consideram a sucessão de vidas como algo ininterrupto que constitui parte de uma vida do indivíduo, de modo que, por consequência, a oscilação rítmica é compreendida dessa forma, ao passo que, se não for admitida a verdade da reencarnação, ela não teria sentido.

Mas os hermetistas afirmam que o Mestre ou estudante adiantado é capaz, em grande medida, de escapar ao movimento em direção à dor pelo já mencionado processo de neutralização. Elevando-se ao plano superior do ego, grande parte da experiência que acomete aqueles que habitam o plano inferior é evitada.

A lei de compensação desempenha um papel importante na vida de homens e mulheres. Deve-se notar que uma pessoa geralmente "paga o preço" de qualquer coisa que possua ou lhe falte. Se ela tem uma coisa, não terá outra – e assim se chega ao equilíbrio. Ninguém pode "ficar com suas moedas e levar o pedaço de bolo" ao mesmo tempo. Tudo tem seu lado agradável e desagradável. As coisas que alguém ganha sempre são pagas com as coisas que essa pessoa perde. Os ricos possuem muito do que falta aos pobres, enquanto os pobres geralmente possuem coisas que estão fora do alcance dos ricos. O milionário pode ter inclinação pelos banquetes e a riqueza necessária para assegurar todas as guloseimas e os luxos da boa mesa, mas faltar-lhe o apetite para desfrutá-los. Ele inveja o apetite e a digestão do trabalhador que não tem a riqueza e as inclinações do milionário, e sente mais prazer com sua comida simples do que o milionário jamais poderia sentir mesmo se seu apetite não fosse enfastiado, nem sua digestão ruim, pois os desejos, hábitos e inclinações são diferentes. Isso acontece em todos os âmbitos da vida. A lei de compensação é sempre atuante, buscando equilibrar e contrabalançar, alcançando sempre seu objetivo com o passar do tempo, ainda que sejam necessárias várias vidas para o movimento de retorno do pêndulo do ritmo.

Capítulo XII
Causalidade

Toda causa tem seu efeito; todo efeito tem sua causa. Tudo acontece de acordo com a Lei. O acaso é tão somente o nome dado a uma lei ainda não percebida. Existem muitos planos de causalidade, mas nada escapa à Lei – O Caibalion

O grande sexto princípio hermético – o princípio de causa e efeito – expressa a verdade de que a Lei permeia o Universo, que nada acontece por acaso, que o acaso não passa de um termo que indica a existência de uma causa não reconhecida ou percebida, e que os fenômenos são contínuos, sem interrupção nem exceção.

O princípio de causa e efeito está na raiz de todo o pensamento científico, antigo e moderno, e foi enunciado pelos professores herméticos ainda nos primórdios do tempo. Embora muitas e variadas disputas tenham surgido entre as inúmeras escolas de pensamento, tais disputas diziam respeito sobretudo aos detalhes do mecanismo de atuação do princípio e, com ainda maior frequência, ao significado de determinadas palavras. O elementar princípio de causa e efeito é aceito como correto por praticamente todos os pensadores dignos do nome no mundo. Pensar de outra forma seria retirar os fenômenos do Universo do âmbito da lei e da ordem e relegá-los ao controle de algo imaginário a que os homens chamam "acaso".

Uma breve reflexão mostrará a qualquer um que, na realidade, não existe puro acaso. O dicionário Webster assim define a palavra "acaso": "Um suposto agente ou modalidade de atividade que não seja uma força, uma lei ou uma finalidade; a operação ou atividade de tal agente; o suposto efeito produzido por tal agente; um acontecimento; fortuidade, fatalidade etc." Contudo, uma breve análise mostrará que não pode haver um agente como o "acaso", no sentido de algo exterior à Lei, algo fora da [relação de] causa e efeito. Como poderia haver algo independente das leis, da ordem e da continuidade do Universo agindo no universo fenomênico? Esse algo seria completamente independente da tendência ordenada do universo e, portanto, superior a ele. Não podemos imaginar nada fora d'O TODO que esteja fora da Lei, e isso tão somente porque O TODO é a Lei em si mesma. Não há espaço, no Universo, para algo fora da Lei ou independente dela. A existência de tal algo tornaria sem efeito todas as leis naturais e mergulharia o Universo em uma desordem e anarquia caóticas.

Um exame cuidadoso mostrará que aquilo a que chamamos "acaso" é apenas uma expressão que se refere a causas obscuras, causas que não podemos perceber, que não podemos entender. A palavra "chance" [palavra inglesa para "acaso"] deriva de uma palavra que significa "cair"[3] (como o cair dos dados), com a ideia de que o cair dos dados (e muitos outros acontecimentos) são apenas um "acontecimento", sem qualquer relação com alguma causa. Esse é o sentido em que o termo costuma ser empregado. Todavia, quando a questão é analisada com atenção, percebe-se que não há acaso nenhum

[3] A palavra inglesa chance deriva do latim cadere (cair). (N. da T.)

no cair dos dados. Cada vez que um dado cai e mostra certo número, ele obedece a uma lei tão infalível como aquela que governa a revolução dos planetas em redor do Sol. Por trás do cair de um dado existem causas, ou sucessões de causas que se desenrolam mais depressa do que a mente pode acompanhar. A posição do dado na caixa, a quantidade de energia muscular aplicada no lançar dos dados, o estado da mesa etc. – tudo isso são causas cujo efeito pode ser visto. No entanto, por trás dessas causas visíveis, há sequências de causas precedentes invisíveis, as quais tiveram, todas elas, papel relevante no número que, ao cair do dado, ficou para cima.

Se um dado for lançado muitas e muitas vezes, perceber-se-á que os números mostrados serão mais ou menos iguais, isto é, haverá uma quantidade igual de vezes em que a posição superior será a de uma marca, duas marcas etc. Atire uma moeda ao ar e ela pode cair mostrando "cara" ou "coroa". Contudo, atire-se um número suficiente de vezes, e as "caras" e "coroas" serão mostradas em quantidade praticamente iguais de vezes. Trata-se da operação da lei da média. Porém, tanto a média como o único arremesso da moeda estão sujeitos à lei de causa e efeito. Se tivéssemos condições de investigar as causas precedentes, veríamos com clareza que seria simplesmente impossível que o dado caísse de forma diferente daquela em que caiu, diante das mesmas circunstâncias e naquele mesmo momento. Dadas as mesmas causas, seguir-se-ão os mesmos resultados. Há sempre uma "causa" e um "porquê" para todo acontecimento. Nada jamais "acontece" sem uma causa ou, antes, uma sucessão de causas.

Surgiram algumas dúvidas na cabeça de pessoas que estudavam esse princípio, dúvidas derivadas do fato de que não conseguiam explicar como uma coisa poderia causar outra, ou seja, ser a "criadora" da segunda coisa. A propósito, nenhuma "coisa" jamais causa ou "cria" outra "coisa". A lei de causa e efeito diz respeito tão somente a "acontecimentos". Um "acontecimento" é "aquilo que sobrevém, chega ou acontece como resultado ou consequência de algum acontecimento anterior". Nenhum acontecimento "cria" outro acontecimento, mas é apenas um elo precedente na grande cadeia ordenada de acontecimentos que fluem da energia criativa d'O TODO. Existe uma continuidade entre todos os acontecimentos precedentes, consequentes e subsequentes. Há uma relação entre tudo o que já foi e tudo o que se segue. Uma pedra que se solta da encosta de uma montanha cai sobre o telhado de uma choupana no vale abaixo, perfurando-o. À primeira vista, julgamos isso um efeito fortuito, mas, quando examinamos o fato, descobrimos uma grande sequência de causas por trás dele. Em primeiro lugar, houve a chuva que amoleceu o solo que sustentava a pedra, o que permitiu que ela caísse. Por trás disso, deu-se a influência do sol, de outras chuvas etc., que, aos poucos, separaram aquele pedaço de rocha da porção maior. Além disso, houve as causas que levaram à formação da montanha e sua elevação pelas convulsões da natureza, e assim por diante, *ad infinitum*. Então, poderíamos acompanhar as causas por trás da chuva etc. Em seguida, poderíamos analisar a existência do telhado. Em suma, logo nos veríamos envolvidos em uma teia de causas e efeitos, da qual teríamos de nos esforçar para sair.

Tal como um homem tem dois genitores, e quatro avós, e oito bisavós, e dezesseis tataravós, e assim sucessivamente, até que, digamos, sejam contadas quarenta gerações e os números de ancestrais cheguem a muitos milhões, o mesmo se dá com o número de causas por trás até mesmo do acontecimento ou fenômeno mais insignificante, como a passagem de uma minúscula partícula de fuligem diante de nossos olhos. Não é fácil acompanhar a partícula de fuligem de volta aos primórdios da história do mundo, quando fazia parte de um enorme tronco de árvore que, mais tarde, transformou-se em carvão etc., até que, como partícula de fuligem, agora passa diante de nossa visão, seguindo seu caminho rumo a outras aventuras. Uma extensa cadeia de acontecimentos, causas e efeitos, levou-a a sua condição atual, que não passa de um dos acontecimentos da cadeia que continuará produzindo outros acontecimentos centenas de anos no futuro. Da série de acontecimentos que emergem da pequena partícula de fuligem, um é a composição destas linhas, que fizeram com que o compositor realizasse certo trabalho, e igualmente o revisor, trabalho esse que despertará determinados pensamentos na mente dos leitores e de outros que, por sua vez, afetarão outros, e assim por diante, para além da capacidade do homem de pensar a esse respeito. Tudo isso a partir da passagem de uma minúscula partícula de fuligem, o que mostra a relatividade e a associação das coisas, somadas ao fato de que "não há grande nem há pequeno na mente que tudo causa".

Parem um instante e reflitam. Se determinado homem não tivesse conhecido certa moça, no remoto período obscuro da Idade da Pedra, vocês, que agora leem estas linhas, não estariam aqui. E, talvez, se o mesmo casal não se tivesse conhecido, nós, que ora escrevemos estas linhas, não estaríamos aqui agora. O ato mesmo de escrever, de nossa parte, e o ato de ler, da sua, afetará não apenas as respectivas vidas, sua e nossa, mas terá igualmente um efeito direto ou indireto em muitas outras pessoas que agora vivem e que viverão nas gerações vindouras. Todo pensamento que temos, toda ação que realizamos tem seus resultados diretos e indiretos que pertencem à grande cadeia de causa e efeito.

Não é nosso desejo iniciar uma reflexão sobre o livre-arbítrio ou o determinismo nesta obra, por diversas razões. Dentre essas muitas razões, a principal é que nenhum dos lados da controvérsia está de todo correto. Na realidade, ambos os lados estão parcialmente certos, de acordo com as doutrinas herméticas. O princípio da polaridade mostra que ambos são apenas meias verdades, os polos opostos da Verdade. As doutrinas ensinam que um homem pode ser livre e, não obstante, estar adstrito à necessidade, dependendo do significado dos termos e da dimensão da verdade a partir da qual a questão é examinada. Os autores antigos assim expressam a questão: "Quanto mais distante a criação está do centro, maior é sua limitação; quanto mais se aproxima do centro, mais livre é".

A maioria das pessoas é mais ou menos escrava da hereditariedade, do ambiente etc., e manifestam pouquíssima liberdade. Elas são influenciadas pelas opiniões, costumes e pensamentos do mundo exterior, bem como por suas próprias emoções, sentimentos, disposições de ânimo etc. Não manifestam domínio algum digno desse nome. Indignadas, repudiam essa afirmação, dizendo: "Ora, é claro que sou livre para agir e fazer o que desejo. Faço apenas o que quero fazer". No entanto, elas não conseguem explicar de onde surge o "quero" e "o que desejo". O que as faz "querer" fazer uma coisa em vez de outra? O que as faz "desejar" fazer isso e não aquilo? Não há um "porquê" para seu "desejo" e "querer"? O Mestre consegue transformar esses "desejos" e "quereres" em outros na extremidade oposta do polo mental. É capaz de "querer querer" em vez de querer porque algum sentimento, disposição de ânimo, emoção ou sugestão ambiental desperta nele uma tendência ou desejo fazê-lo.

As pessoas, em sua maioria, são levadas como a pedra que cai, obedientes ao ambiente, às influências externas e às disposições de ânimo internas, aos desejos etc. Isso sem falar dos desejos e vontades de outros que são mais fortes que elas mesmas, da hereditariedade, do ambiente e da sugestão, que as arrasta sem resistência de sua parte, nem exercício da vontade. Movidas como os peões do tabuleiro de xadrez da vida, elas desempenham seu papel e são postas de lado depois que o jogo termina. Mas os Mestres, conhecendo as regras do jogo, elevam-se acima do plano da vida material e, colocando-se em contato com os poderes superiores de sua natureza, dominam suas próprias disposições de ânimo, caráter, qualidades e polaridade, bem como o ambiente que os cerca. Assim, tornam-se jogadores no jogo em vez de peões; causas, em vez de efeitos. Os Mestres não escapam à causalidade dos planos superiores, mas harmonizam-se com as leis superiores e, desse modo, controlam as circunstâncias no plano inferior. Por consequência, passam a constituir uma parte da Lei em lugar de serem meros instrumentos cegos. Embora sirvam nos planos superiores, eles regem no plano material.

Contudo, nos planos superiores e nos inferiores, a Lei está sempre em operação. Não existe acaso. A deusa cega foi abolida pela razão. Agora, somos capazes de ver, com um olhar esclarecido pelo conhecimento, que tudo é governado pela Lei Universal: que incontáveis leis não passam de manifestações da Única Grande Lei, a LEI que é O TODO. É realmente verdade que nenhum pardal cai ao chão sem que o note a Mente d'O TODO, que até mesmo os cabelos de nossa cabeça estão contados, como dizem as Escrituras. Não há nada fora da Lei e nada que aconteça em oposição a ela. E, não obstante, não cometam o erro de supor que o homem é um mero autômato cego – longe disso. As doutrinas herméticas ensinam que o homem pode usar a Lei para vencer as leis, e que a vontade superior sempre prevalecerá em face da inferior, até que, por fim, ele alcance o estágio em que busca refúgio na própria Lei, e escarnece, rindo, das leis fenomenológicas. Vocês conseguem compreender o profundo significado disso?

Capítulo XIII
Gênero

O gênero está em tudo. Tudo tem seus princípios masculino e feminino. O gênero manifesta-se em todos os planos – O Caibalion

O grande sétimo princípio hermético – o princípio do gênero – expressa a verdade de que o gênero está manifesto em tudo, que os princípios masculino e feminino estão sempre presentes e ativos em todas as fases dos fenômenos, em todo e qualquer plano de vida. Neste momento, pensamos ser apropriado chamar a atenção dos leitores para o fato de que gênero, em seu sentido hermético, e sexo, no uso normalmente aceito do termo, não são a mesma coisa.

A palavra "gênero" deriva da raiz latina que significa "engendrar, procriar, gerar, criar, produzir". Um instante de reflexão mostrará que a palavra tem um significado muito mais amplo e geral do que o termo "sexo", referindo-se este último às distinções físicas entre seres vivos machos e fêmeas. O sexo é tão somente uma manifestação do gênero em determinado plano do Grande Plano Físico: o plano da vida orgânica. Queremos gravar essa distinção na mente dos leitores, pois certos autores, que adquiriram um conhecimento superficial da filosofia hermética, tentaram identificar esse sétimo princípio hermético com teorias e ensinamentos absurdos, fantasiosos e, em regra, repreensíveis a respeito do sexo.

A função do gênero é exclusivamente a de criar, produzir, gerar etc., e suas manifestações são visíveis em todos os planos fenomênicos. É um pouco difícil apresentar provas disso no âmbito científico, uma vez que a ciência ainda não reconheceu a existência desse princípio de aplicação universal. Apesar disso, algumas provas estão prestes a emergir de fontes científicas. Em primeiro lugar, encontramos uma clara manifestação do princípio do gênero entre os corpúsculos, íons ou elétrons que constituem a base da matéria tal como a ciência a conhece hoje. Esses corpúsculos, formando determinadas combinações, produzem o átomo, que, até pouco tempo atrás, era considerado a unidade final e indivisível.

A declaração mais recente da ciência é que o átomo é composto de uma multiplicidade de corpúsculos, elétrons ou íons (sendo os vários nomes utilizados por autoridades diferentes) que giram em torno uns dos outros e vibram com grande intensidade. Mas, juntamente a isso, afirma-se que a formação do átomo se deve, na realidade, ao agrupamento de corpúsculos negativos em redor de um positivo: os corpúsculos positivos parecem exercer certa influência sobre os corpúsculos negativos, levando os últimos a formar determinadas combinações e, assim, "criar" ou "gerar" um átomo. Isso se coaduna com as antiquíssimas doutrinas herméticas, que sempre identificaram o princípio masculino do gênero com o (assim chamado) polo "positivo" da eletricidade, e o feminino, com o "negativo".

Agora, façamos um breve comentário a respeito dessa

identificação. A mentalidade do público construiu uma impressão inteiramente equivocada com relação às qualidades do assim chamado polo "negativo" da matéria eletrificada ou magnetizada. É bastante incorreta a aplicação que a ciência faz dos termos positivo e negativo a esse fenômeno. A palavra positivo significa algo real e forte, ao contrário de negativo, que implica irrealidade ou fraqueza. Nada pode estar mais distante das realidades do fenômeno elétrico. O chamado polo negativo da pilha é, na verdade, o polo no qual e pelo qual se dá a geração ou produção de novas formas e energias. Não há nada "negativo" nele. As maiores autoridades científicas agora usam a palavra "cátodo" em lugar de "negativo". Cátodo deriva da raiz grega que significa "derivação ou linhagem, o processo de geração etc." Do polo catódico emerge o enxame de elétrons ou corpúsculos. Do mesmo polo emergem aqueles maravilhosos "raios" que revolucionaram os conceitos científicos da última década. O polo catódico é a mãe de todos os estranhos fenômenos que invalidaram os velhos manuais e fizeram com que muitas teorias tradicionais fossem relegadas ao ferro-velho da especulação científica. Portanto, vejam que temos motivos legítimos para rejeitar o uso do termo "negativo" em nosso estudo do tema e insistir que o antigo termo seja substituído pela palavra "feminino". Os fatos confirmam nosso posicionamento, sem levar em conta as doutrinas herméticas. Por isso, usaremos a palavra "feminino" no lugar de "negativo" ao falar daquele polo de atividade.

De acordo com as doutrinas científicas mais recentes, os corpúsculos ou elétrons criativos são femininos (a ciência diz que "são compostos de eletricidade negativa"; nós dizemos que são compostos de energia feminina). Um corpúsculo feminino destaca-se de um corpúsculo masculino, ou, antes, o deixa e dá início a um novo curso. Ele busca ativamente uma união com um corpúsculo masculino, sendo impelido a isso pelo impulso natural de criar formas novas de matéria ou energia. Um autor chega a usar a seguinte expressão: "ele logo busca, por sua própria volição, uma união" etc. Esse destacamento e essa união constituem a base da maior parte das atividades do mundo químico. Quando o corpúsculo feminino se une a um corpúsculo masculino, começa um processo. As partículas femininas vibram depressa sob a influência da energia masculina e giram rapidamente em torno dela. O resultado é o nascimento de um novo átomo. Esse novo átomo é, na realidade, composto da união dos elétrons, ou corpúsculos, masculinos e femininos, mas, quando a união está formada, o átomo constitui um ente independente, dotado de certas propriedades, conquanto já sem manifestar a propriedade da eletricidade livre. O processo de destacamento ou separação dos elétrons femininos é chamado "ionização". Esses elétrons, ou corpúsculos, são os operários mais ativos no campo da natureza. De suas uniões ou combinações manifestam-se os diversos fenômenos de luz, calor, eletricidade, magnetismo, atração, repulsão, afinidade química e seu oposto, bem como outros fenômenos semelhantes. E tudo isso se dá a partir da operação do princípio do gênero no plano da energia.

O papel do princípio masculino parece ser o de direcionar determinada energia inerente ao princípio feminino e, desse modo, desencadear os processos criativos. No entanto, o princípio feminino é o que está sempre fazendo o trabalho criativo ativo, e isso se dá em todos os planos. Apesar disso, a energia de cada princípio é inoperante sem a assistência do outro. Em algumas formas de vida, os dois princípios estão combinados em um único organismo. A propósito, tudo no mundo orgânico manifesta ambos os gêneros: o masculino sempre está presente na forma feminina, e o feminino está sempre presente na forma masculina. As doutrinas herméticas ensinam muitas coisas sobre a operação dos dois princípios do gênero na produção e manifestação de várias formas de energia etc., mas não julgamos oportuno entrar em detalhes a respeito disso neste momento, pois não temos condições de fundamentá-los com provas científicas, uma vez que o progresso da ciência ainda não chegou a ponto. Contudo, nosso exemplo do fenômeno dos elétrons ou corpúsculos evidenciará que a ciência está no caminho certo, e dará também uma ideia geral dos princípios subjacentes.

Alguns cientistas eminentes anunciaram sua crença de que haveriam de descobrir algo semelhante à "atividade sexual" na formação de cristais, o que constitui outro indício da direção em que os ventos científicos estão soprando. E cada ano trará novos fatos para corroborar a correção do princípio hermético do gênero. Descobrir-se-á que o gênero está em constante operação e manifestação do campo da matéria inorgânica e no campo da energia ou força. Hoje, a eletricidade é basicamente vista como "algo" em que todas as demais formas de energia parecem fundir-se e dissolver-se. A "teoria elétrica do Universo" é a doutrina científica mais atual, e ela está crescendo depressa em popularidade e aceitação geral. Disso segue que, se conseguirmos descobrir, nos fenômenos da eletricidade – na raiz e fonte de suas manifestações –, uma prova clara e irrefutável da presença do gênero e suas atividades, temos então motivos legítimos para pedir que nossos leitores acreditem que a ciência enfim apresenta provas da existência, em todos os fenômenos universais, daquele grande princípio hermético: o princípio do gênero.

Não é necessário fazê-los perder tempo com os conhecidos fenômenos da "atração e repulsão" dos átomos, da afinidade química, dos "amores e ódios" das partículas atômicas, da atração ou coesão entre as moléculas de matéria. Tais fatos já são demasiado conhecidos para precisar de extensos comentários de nossa parte. Mas, os leitores pararam para pensar que todas essas coisas constituem manifestações do princípio do gênero? Conseguem perceber que os fenômenos estão em absoluta conformidade com os fenômenos dos corpúsculos ou elétrons? E, mais que isso, não veem a racionalidade e sensatez das doutrinas herméticas que afirmam que a própria lei da gravidade, essa estranha atração pela qual todas as partículas e corpos de matéria do Universo dirigem-se uns para os outros, não passa de outra manifestação do princípio do gênero, que opera de modo a atrair as energias masculinas para as femininas e vice-versa? Não podemos oferecer-lhes provas científicas disso agora, mas observem os fenômenos à luz das doutrinas herméticas sobre o tema e percebam se não terão uma hipótese de trabalho melhor do que qualquer outra oferecida pela ciência física. Submetam todos os fenômenos físicos a esse teste e os leitores constatarão que o princípio do gênero está sempre em evidência.

Passemos agora ao estudo da operação desse princípio no Plano Mental. Existem muitos aspectos interessantes à espera de investigação.

Capítulo XIV
Gênero Mental

Os estudantes de psicologia que seguem a moderna tendência de pensamento acerca dos fenômenos mentais surpreendem-se com a persistência da ideia de "mente dual" que se manifestou tão veementemente durante os últimos dez ou quinze anos e deu origem a inúmeras teorias plausíveis a respeito da natureza e constituição dessas "duas mentes". O finado Thomson J. Hudson[4] alcançou grande popularidade em 1893 ao defender sua conhecida teoria das "mentes objetiva e subjetiva", que ele julgava existir em todo indivíduo. Outros autores atraíram quase a mesma atenção com teorias a respeito das "mentes consciente e subconsciente", das "mentes voluntária e involuntária", das "mentes ativa e passiva" etc. As teorias desses vários autores diferenciam-se entre si, mas nelas subsiste o princípio subjacente da "dualidade da mente".

O estudante da filosofia hermética sente-se tentado a sorrir quando lê e ouve sobre essas muitas "novas teorias" atinentes à dualidade da mente, cada escola aferrando-se com tenacidade a suas próprias teorias favoritas e afirmando haver "descoberto a verdade". Ele folheia as páginas da his-

[4] Thomson Jay Hudson, foi examinador-chefe do Escritório de Patentes dos EUA e pesquisador psíquico, conhecido por suas três leis dos fenômenos psíquicos, publicadas pela primeira vez em 1893. – *Wikipédia*, a enciclopédia livre.

tória do ocultismo, de volta aos primórdios nebulosos dos ensinamentos ocultos, e encontra referências à antiga doutrina hermética do princípio do gênero no Plano Mental: a manifestação do gênero mental. E, examinando-a mais a fundo, descobre que a filosofia antiga reconhecia o fenômeno da "mente dual", explicando-o com a teoria do gênero mental. Essa ideia de gênero mental pode ser explanada em poucas palavras a estudantes familiarizados com as modernas teorias a que acabamos de fazer alusão. O princípio masculino da mente corresponde à chamada mente objetiva, mente consciente, mente voluntária, mente ativa etc. E o princípio feminino da mente corresponde à chamada mente subjetiva, mente subconsciente, mente involuntária, mente passiva etc. É evidente que as doutrinas herméticas não concordam com as muitas teorias modernas acerca da natureza dos dois aspectos da mente, nem admitem muitos dos fatos respectivamente atribuídos aos dois, pois algumas de tais teorias e afirmações são um tanto improváveis e incapazes de resistir ao teste da experimentação e à demonstração. Apontamos para os aspectos concordantes tão somente com o intuito de ajudar o estudante a assimilar o conhecimento que adquiriu anteriormente aos ensinamentos da filosofia hermética. Os discípulos de Hudson notarão a declaração, no início do segundo capítulo de sua obra *The Law of Psychic Phenomena* (A Lei dos Fenômenos Psíquicos), que diz que: "O jargão místico dos filósofos herméticos revela a mesma ideia geral", isto é, a dualidade da mente. Se o Dr. Hudson tivesse tido o trabalho de decifrar um pouco do "jargão místico da filosofia hermética", talvez tivesse logrado angariar muitos esclarecimentos a respeito da temática da "mente dual". Mas, nesse caso, talvez sua obra de mais interesse não tivesse sido escrita. Passemos a analisar agora as doutrinas herméticas sobre o gênero mental.

Os professores herméticos transmitem seu ensinamento acerca desse tema pedindo que os alunos examinem o testemunho de sua consciência no tocante a seu Ego. Eles pedem que os alunos voltem a atenção para seu íntimo, para o Ego que habita dentro de cada um. Cada estudante é levado a ver que sua consciência lhe dá, em primeiro lugar, um testemunho da existência de seu Ego – o testemunho é "Eu Sou". Inicialmente, essas parecem ser as palavras finais da consciência, mas um exame um pouco mais aprofundado revela o fato de que esse "Eu Sou" pode ser separado ou dividido em duas partes distintas ou aspectos que, embora atuem em conjunto e de forma simultânea e harmônica, podem, não obstante, estar separados na consciência.

Embora, a princípio, pareça haver apenas um "Eu", uma investigação mais cuidadosa e profunda revela o fato de que existem um "Eu" e um "Mim". Esses gêmeos mentais são diferentes em suas características e natureza. Um estudo de sua natureza e dos fenômenos que emergem dela lança grande luz sobre muitos dos problemas da influência mental.

Comecemos com uma análise do "Mim", que o estudante costuma confundir com o "Eu" até o momento em que aprofunda um pouco mais a investigação, alcançando os recônditos da consciência. Um homem pensa que seu Ego (no aspecto do "Mim") é constituído de certos sentimentos, gostos, preferências, aversões, hábitos, vínculos específicos, características etc., os quais compõem sua personalidade ou o "Ego" conhecido por ele mesmo e pelos outros. Ele sabe que essas emoções e sentimentos mudam, nascem e morrem, estão sujeitas ao princípio do ritmo e ao princípio da polaridade, que o levam de um extremo de sentimento ao outro. Ele também pensa que o "Mim" é um conhecimento acumulado em sua mente e que, portanto, constitui parte de si mesmo. Esse é o "Mim" de um homem.

Contudo, avançamos depressa demais. Pode-se dizer que o "Mim" de muitos homens consiste principalmente em sua consciência do corpo e seus apetites físicos etc. Como sua consciência está imersa sobretudo em sua natureza corpórea, eles praticamente "vivem aí". Alguns chegam ao ponto de considerar sua indumentária pessoal uma parte de seu "Mim" e parecem, de fato, entendê-la como parte de si mesmos. Um autor disse, em tom jocoso, que "os homens são constituídos de três partes – alma, corpo e roupas". Essas pessoas "que se preocupam com roupas" perderiam a personalidade se despidas de suas vestes por selvagens, por ocasião de um naufrágio. Todavia, mesmo muitos dos que não se mostram tão presos à ideia de vestimenta apegam-se fortemente à consciência de seu corpo como seu "Mim". Eles não conseguem conceber um Ego independente do corpo. Sua mente parece-lhes praticamente "algo pertencente a" seu corpo – o que acontece, de fato, em muitos casos.

Mas, à medida que o homem sobe na escala de consciência, ele é capaz de desvencilhar seu "Mim" de sua ideia de corpo, e consegue pensar no corpo como algo que "pertence" à sua porção mental. Mesmo então, porém, ele está bastante propenso a identificar o "Mim" inteiramente com os estados mentais, emoções etc., cuja existência ele sente dentro de si. Ele se mostra muito inclinado a considerar que tais estados internos são idênticos a si próprio, em vez de ser apenas "coisas" produzidas por alguma parte de sua inteligência e que existem dentro de si – que são suas e estão em seu íntimo, mas não são "ele mesmo". Tal homem percebe que pode alterar esses estados emocionais internos com todo o esforço de sua vontade e que, da mesma forma, pode produzir um sentimento ou estado de caráter exatamente oposto e, não obstante, o mesmo "Mim" continua existindo. E, assim, depois de um tempo, é capaz de colocar de lado esses diversos estados mentais, emoções, sentimentos, hábitos, qualidades, características e outros pertences mentais pessoais – é capaz de colocá-los na coleção de curiosidades e estorvos (bem como de bens valiosos) do "não eu". Isso requer muita concentração intelectual e poder de análise mental por parte do estudante. Não obstante, trata-se de tarefa possível ao estudante avançado, e até mesmo os não muito avançados conseguem ver, na imaginação, como o processo pode ser realizado.

Depois de realizar esse processo de "deixar de lado", o estudante ver-se-á na posse consciente do "Ego", que pode ser estudado em seu aspecto dual de "Eu" e "Mim". O "Mim" será sentido como algo mental em que se podem produzir pensamentos, ideias, emoções, sentimentos e outros estados mentais. Pode ser entendido como o "útero mental", na expressão cunhada pelos antigos, capaz de gerar uma prole mental. Ele presta contas à consciência como um "Mim" com poderes latentes de criação e geração de toda sorte e espécie de progênie mental. Sua capacidade de energia criativa é sentida como algo enorme. Apesar disso, ele parece estar consciente de que precisa receber algum tipo de energia ou de seu companheiro "Eu" ou de algum outro "Eu" para que seja capaz de realizar suas criações mentais. Essa consciência traz consigo o reconhecimento de uma enorme capacidade de trabalho mental e habilidade criativa.

O estudante, porém, logo percebe que isso não é tudo o que ele encontra dentro de sua consciência íntima. Ele descobre que existe um algo capaz de querer que o "Mim" atue de acordo com certas diretrizes criativas e que também consegue ficar de lado e testemunhar a criação mental. A essa parte de si mesmo, o estudante é ensinado a chamar seu "Eu". Ele é capaz de descansar nessa consciência a seu bel-prazer. Ali, ele não encontra a consciência de uma habilidade de gerar e criar ativamente, no sentido do processo gradual associado às operações mentais, mas, antes, uma percepção e consciência de uma habilidade de projetar energia do "Eu" para o "Mim" – um processo de "querer" que a criação mental comece e prossiga. O estudante descobre ainda que o "Eu" consegue permanecer afastado e testemunhar as operações de criação e geração mental do "Mim". A mente de toda pessoa apresenta esse aspecto dual. O "Eu" representa o princípio masculino do gênero mental; o "Mim" representa o princípio feminino. O "Eu" representa o aspecto do Ser; o "Mim", o aspecto do tornar-se ou vir a ser. Os leitores notarão que o princípio da correspondência atua nesse plano exatamente como atua no grande plano em que ocorre a criação de universos. Os dois processos são semelhantes na essência, conquanto sejam muitíssimo diferentes em grau. "O que está em cima é como o que está embaixo; o que está embaixo é como o que está em cima".

Esses aspectos da mente – os princípios masculino e feminino, o "Eu" e o "Mim" – analisados em sua relação com os conhecidos fenômenos mentais e psíquicos, oferecem a chave mestra para essas regiões ainda obscuras de operação e manifestação mental. O princípio do gênero mental revela a verdade subjacente a todo o campo dos fenômenos da influência mental etc.

A tendência do princípio feminino é sempre a de receber impressões, ao passo que a tendência do princípio masculino é sempre transmitir ou expressar. O princípio feminino tem um campo de atuação muito mais variado que o princípio masculino. O princípio feminino dirige a tarefa de gerar novos pensamentos, conceitos, ideias, inclusive o trabalho da imaginação. O princípio masculino contenta-se com a função da "vontade" em seus diversos estágios. Não obstante, sem o auxílio ativo da vontade do princípio masculino, o princípio feminino tende a contentar-se em gerar imagens mentais que resultam de impressões recebidas de fora, em vez de produzir criações mentais originais.

Pessoas que conseguem aplicar a atenção e o raciocínio de forma contínua a um assunto empregam ativamente os dois princípios mentais – o feminino, no trabalho da geração mental, e a vontade masculina, no estímulo e energização da porção criativa da mente. A maioria das pessoas pouco emprega o princípio masculino, contentando-se em viver de acordo com os pensamentos e ideias instilados no "Mim" pelo "Eu" de outras mentes. Contudo, não é nosso objetivo discorrer longamente sobre esse aspecto do tema, que pode ser estudado em qualquer bom manual de psicologia, com a chave que apresentamos acerca do gênero mental.

O estudante de fenômenos psíquicos tem conhecimento dos maravilhosos fenômenos classificados nas categorias de telepatia, transmissão de pensamento, influência mental, sugestão, hipnotismo etc. Muitos procuraram uma explicação dos diversos aspectos desses fenômenos nas teorias dos vários professores (que falam) da "mente dual". E, em certa medida, estão corretos, pois existe claramente uma manifestação de dois aspectos distintos da atividade mental. Contudo, se tais estudantes analisarem essas "mentes duais" à luz das doutrinas herméticas sobre vibrações e gênero mental, verão que a longa procura por uma chave terminou.

Nos fenômenos de telepatia, percebe-se de que maneira a energia vibratória do princípio masculino é projetada na direção do princípio feminino da outra pessoa, e como a última recebe o pensamento-semente e permite que se desenvolva e amadureça. A sugestão e o hipnotismo operam da mesma forma. O princípio masculino da pessoa que apresenta as sugestões dirige uma torrente de energia vibratória ou poder volitivo ou força de vontade na direção do princípio feminino da outra pessoa, e esta, aceitando-o, apropria-se dele, agindo e pensando de acordo com ele. Uma ideia assim alojada na mente de outra pessoa cresce e desenvolve-se e, com o tempo, passa a ser tida como prole mental legítima do indivíduo, embora seja, na realidade, como o ovo de cuco colocado no ninho de pardais: o filhote destrói a prole legítima e fica ali à vontade. O processo normal é que os princípios masculino e feminino da mente de uma pessoa atuem conjuntamente, de forma coordenada e harmoniosa, mas, infelizmente, o princípio masculino da pessoa comum é demasiado indolente para agir – a demonstração de poder volitivo é débil demais – e a consequência é que tais pessoas são governadas quase que totalmente pela mente e vontade de outras, permitindo que estas pensem e decidam por elas. Não são poucos os pensamentos e atos originais produzidos pela pessoa comum? A maioria das pessoas não é composta de meras sombras e ecos de outras, que têm vontade e intelecto mais forte que elas? O problema é que a pessoa comum vive quase que exclusivamente em sua consciência "Mim" e não percebe que tem um "Eu". Ela está polarizada no princípio feminino de sua mente, e permite que o princípio masculino, que aloja a vontade, permaneça inativo e desocupado.

Os homens e mulheres fortes do mundo manifestam,

sem exceção, o princípio masculino da vontade, e sua força depende materialmente desse fato. Em vez de depender das impressões impressas por outras pessoas em seu intelecto, elas dominam a própria mente por sua vontade, obtendo o tipo de imagens mentais desejadas e, além disso, dominando, da mesma forma, também a mente de outras pessoas. Olhem para as pessoas fortes: vejam como conseguem implantar seus pensamentos-sementes na mente das massas, fazendo com que pensem de acordo com os desejos e vontades dos indivíduos fortes. É por isso que as massas são criaturas tão dóceis que nunca criam uma ideia original nem usam suas próprias capacidades de atividade intelectual.

A manifestação do gênero mental pode ser observada em toda parte, à nossa volta, na vida cotidiana. As pessoas magnéticas são aquelas capazes de lançar mão do princípio masculino para imprimir suas ideias nos outros. O ator que, à sua vontade, faz as pessoas chorarem está aplicando esse princípio, bem como o orador bem-sucedido, o estadista, o pregador, o escritor ou outras pessoas que se expõem à atenção pública. A influência peculiar exercida por algumas pessoas sobre outras deve-se à manifestação do gênero mental, de acordo com o mecanismo vibracional já apontado. Nesse princípio está o segredo do magnetismo pessoal, da influência e do fascínio individual etc., bem como os fenômenos geralmente agrupados sob o nome de hipnotismo.

O estudante que se familiarizou com os fenômenos comumente chamados "psíquicos" terá descoberto o importante papel que, em tais fenômenos, desempenha aquela força alcunhada de "sugestão" pela ciência, termo que denota o processo ou método pelo qual uma ideia é transferida para a mente de outra, ou "impressa nela", fazendo com que a segunda mente atue de acordo com a ideia transferida. O entendimento correto da sugestão mostra-se necessário para uma compreensão inteligente dos diversos fenômenos psíquicos baseados nela. No entanto, mais necessário ainda é o conhecimento da vibração e do gênero mental para aquele que estuda a sugestão, pois todo o princípio da sugestão depende do princípio do gênero mental e da vibração.

Os autores e professores que tratam da sugestão costumam explicar que é a mente "objetiva ou voluntária" que aplica a impressão mental, ou sugestão, sobre a mente "subjetiva ou involuntária". Todavia, eles não descrevem o processo nem apresentam qualquer analogia na natureza que nos permitam compreender mais facilmente a ideia. Mas, se pensarmos sobre a questão, à luz das doutrinas herméticas, conseguiremos ver que a energização do princípio feminino pela energia vibratória do princípio masculino está em conformidade com as leis universais da natureza, e que o mundo natural oferece inúmeras analogias por meio das quais o princípio pode ser entendido. Na realidade, as doutrinas herméticas mostram que a própria criação do Universo obedece à mesma lei e que, em todas as manifestações criativas, nos planos espiritual, mental e físico, esse princípio do gênero – essa manifestação dos princípios masculino e feminino – está sempre em operação. "O que está em cima é como o que está embaixo; o que está embaixo é como o que está em cima." E, mais que isso, quando o princípio do gênero mental é apreendido e compreendido, os diversos fenômenos da psicologia tornam-se logo passíveis de classificação e estudo inteligente, em vez de permanecerem nas sombras. O princípio "funciona" na prática porque está baseado nas leis universais e imutáveis da vida.

Não entraremos em nenhuma longa discussão, nem faremos qualquer descrição extensa dos vários fenômenos de influência mental ou atividade psíquica. Muitos foram os livros escritos e publicados a respeito do tema nos últimos anos, e muitos deles são excelentes. Os principais fatos apresentados nessas várias obras são corretos, conquanto os diversos autores tenham tentado explicar os fenômenos com diferentes teorias de sua preferência. O estudante pode familiarizar-se com tais questões e, usando a teoria do gênero mental, conseguirá extrair ordem do caos de teorias e ensinamentos conflitantes, e poderá, ademais, tornar-se facilmente um mestre no assunto, se sentir-se inclinado a isso. O objetivo desta obra não é fazer um relato abrangente dos fenômenos psíquicos, mas, antes, dar ao estudante uma chave-mestra que lhe permita abrir as muitas portas que levam às partes do Templo do Conhecimento que ele deseja explorar. Cremos que, no estudo desses ensinamentos d'*O Caibalion*, seja possível encontrar uma explicação que sirva para afastar muitas dificuldades desconcertantes, uma chave que abra muitas portas. Qual seria a utilidade de entrar em detalhes a respeito de todas as muitas características dos fenômenos psíquicos e da ciência mental, se colocarmos nas mãos do estudante os meios pelos quais ele pode familiarizar-se completamente com qualquer aspecto do tema que o possa interessar? Com o auxílio d'*O Caibalion*, pode-se percorrer novamente qualquer biblioteca ocultista, tendo-se a antiga luz do Egito a iluminar muitas páginas sombrias e assuntos obscuros. Esse é o propósito deste livro. Não viemos expor uma nova filosofia, mas oferecer as linhas gerais de uma grandiosa doutrina, tão antiga como o mundo, a qual esclarecerá os ensinamentos de outros e servirá como grande reconciliador de diferentes teorias e doutrinas conflitantes.

Capítulo XV

Axiomas herméticos

A posse do Conhecimento, se não acompanhada de uma manifestação e expressão na forma de ação, é como o acúmulo de metais preciosos: uma coisa inútil e tola. O conhecimento, como a riqueza, deve ser usado. A lei do uso é universal, e aquele que a viola sofre por se colocar em conflito com as forças naturais – O Caibalion.

Embora tenham sido sempre mantidas em segurança na mente de seus afortunados possuidores, pelos motivos que já explicitamos, nunca se pretendeu que as doutrinas herméticas ficassem apenas armazenadas e escondidas ali. A lei do uso está inscrita nas doutrinas, como se pode ver da leitura desta última citação d'*O Caibalion*, a qual a afirma com contundência. O conhecimento sem uso nem expressão é algo inútil, que não traz nenhum bem a quem o possui, nem à raça. Cuidado com a avareza mental: transformem em ação aquilo que aprenderam. Estudem os axiomas e aforismos, mas também os pratiquem.

Apresentamos abaixo alguns dos axiomas herméticos mais importantes, extraídos d'*O Caibalion*, aos quais foram acrescentados breves comentários. Apropriem-se deles, mas os pratiquem e usem, pois não serão realmente seus até que os usem.

Para mudar sua disposição de ânimo ou estado mental, mude sua vibração – O Caibalion

Uma pessoa pode mudar suas vibrações mentais por um esforço de vontade, fixando deliberadamente a atenção em um estado mais desejável. A vontade direciona a atenção, e a atenção muda a vibração. Cultivem a arte da atenção, valendo-se da vontade, e os leitores decifrarão o segredo da maestria sobre as disposições de ânimo e os estados mentais.

A fim de destruir uma frequência indesejável de vibração mental, desencadeie a operação do princípio da polaridade e concentre-se no polo oposto àquele que se deseja suprimir. Elimine o indesejável alterando sua polaridade – O Caibalion

Essa é uma das fórmulas herméticas mais importantes. Ela se fundamenta em verdadeiros princípios científicos. Já demonstramos que um estado mental e seu oposto são apenas os dois polos de uma e mesma coisa, e que, por transmutação mental, a polaridade pode ser invertida. Os psicólogos modernos conhecem esse princípio e aplicam-no na erradicação de hábitos indesejáveis, pedindo que seus alunos se concentrem na qualidade oposta. Se os leitores estão tomados pelo medo, não percam tempo tentando "eliminar" o medo, mas, em vez disso, cultivem a qualidade da coragem, e o medo desaparecerá. Alguns autores expressaram essa ideia de forma mais veemente, usando o exemplo da sala escura. Não é preciso escavar a escuridão ou expulsá-la, mas tão somente abrir as persianas e deixar a luz entrar para que a escuridão desapareça. Para eliminar uma qualidade negativa, concentrem-se no polo positivo daquela mesma qualidade e as vibrações passarão, aos poucos, do negativo para o positivo, até que finalmente ocorra a polarização no polo positivo em vez do negativo. O inverso também é verdade, como muitos descobriram, com pesar, quando se permitiram vibrar com grande regularidade no polo negativo das coisas. Ao mudar a própria polaridade, a pessoa pode dominar suas disposições de ânimo, alterar seus estados mentais, remodelar seu temperamento e desenvolver caráter. Uma grande parcela do domínio mental dos hermetistas avançados deve-se a essa aplicação da polaridade, que é um dos aspectos importantes da transmutação mental. Lembrem-se do axioma hermético (já citado), que diz:

> *A mente (bem como os metais e os elementos) pode ser transmutada de estado em estado, de grau em grau, de condição em condição, de polo em polo, de vibração em vibração. A verdadeira transmutação hermética é uma arte mental – O Caibalion*

A maestria sobre a polarização é o domínio dos princípios fundamentais da transmutação mental ou alquimia mental, pois, a menos que a pessoa aprenda a arte de mudar sua própria polaridade, ela será incapaz de influenciar seu ambiente. A compreensão desse princípio permitirá que o indivíduo altere a própria polaridade, bem como a dos outros, se estiver disposto a dedicar o tempo, a atenção, o estudo e a prática necessários para dominar a arte. O princípio é real, mas os resultados obtidos dependem da paciência e da prática persistentes do estudante.

> *O ritmo pode ser neutralizado pela aplicação da arte da polarização – O Caibalion*

Conforme explicamos em capítulos anteriores, os hermetistas afirmam que o princípio do ritmo se manifesta tanto no Plano Mental como no Plano Físico, e que a sucessão desconcertante de disposições de ânimo, sentimentos, emoções e outros estados mentais se devem à oscilação do pêndulo mental, que nos leva de um extremo de sentimento ao outro. Os hermetistas também ensinam que a lei da neutralização permite que se anule, em grande medida, a atuação do ritmo na consciência. Como já explicamos, existem o plano superior de consciência e o plano inferior ordinário. O Mestre, elevando-se mentalmente ao Plano Superior, faz com que a oscilação do pêndulo mental se manifeste no planc inferior e, mantendo-se no plano superior, ele se furta à consciência do recuo. Isso é feito mediante a polarização no Eu Superior e, portanto, elevando-se as vibrações mentais do Ego acima das vibrações do plano ordinário de consciência. É semelhante a erguer-se acima de um objeto e permitir que ele passe por baixo de seu corpo. O hermetista adiantado polariza-se no polo positivo de seu ser – o polo "Eu Sou", em vez do polo da personalidade – e, "recusando" e "negando" a operação do ritmo, eleva-se acima desse plano de consciência e, permanecendo firme em sua afirmação do ser, permite que o pêndulo oscile de volta no plano inferior sem mudar sua polaridade. Isso é alcançado por todos os indivíduos que atingiram algum grau de autodomínio, quer compreendam a lei, quer não. Tais pessoas simplesmente "se recusam" a deixar-se arrastar de volta pelo pêndulo das disposições de ânimo e emoções, e, afirmando com firmeza a superioridade, permanecem polarizadas no polo positivo. É evidente que o Mestre atinge um grau muito maior de proficiência, porque entende a lei que está superando pela aplicação de uma lei mais elevada e, valendo-se de sua vontade, alcança um nível de autocontrole e firmeza mental quase inacreditável para aqueles que se permitem arrastar de um lado a outro pelo pêndulo mental dos sentimentos e disposições de ânimo.

Contudo, é preciso sempre recordar que não se destrói, de fato, o princípio do ritmo, pois ele é indestrutível. Pode-se tão somente neutralizar uma lei contrabalançando-a [ou compensando-a] com outra, mantendo, assim, o equilíbrio. As leis do equilíbrio e da compensação operam tanto no plano mental como no físico. A compreensão dessas leis faz parecer que uma pessoa é capaz de anular leis, enquanto ela está apenas se valendo de um contrapeso.

Nada escapa ao princípio de causa e efeito, mas há muitos planos de causalidade, e pode-se fazer uso das leis do (plano) superior para neutralizar as leis do (plano) inferior – O Caibalion

Pela compreensão da prática da polarização, os hermetistas elevam-se a um plano superior de causalidade e, desse modo, neutralizam as leis dos planos inferiores de causalidade. Ao elevar-se acima do plano das causas ordinárias, eles mesmos se transformam em causas, em certo nível, em vez de serem meramente "causados". Pela capacidade de dominar suas próprias disposições de ânimo e sentimentos, bem como de neutralizar o ritmo, conforme já explicamos, eles conseguem esquivar-se de grande parte das operações de causa e efeito no plano comum. As massas são arrastadas, obedientes a seu ambiente, à vontade e aos desejos de outras pessoas mais fortes que elas, aos efeitos de tendências herdadas, às sugestões daqueles que as cercam, e outras causas exteriores que tendem a movimentá-los pelo tabuleiro de xadrez da vida como meros peões. Elevando-se acima dessas causas influenciadoras, os hermetistas adiantados buscam um plano superior de ação mental e, dominando suas disposições de ânimo, emoções, impulsos e sentimentos, criam para si próprios novas índoles, qualidades e poderes, por meio dos quais subjugam seu ambiente ordinário e, assim, tornam-se praticamente jogadores em vez de peões. Tais pessoas ajudam com inteligência para o jogo da vida em vez de serem movidas para cá e para lá por influências, poderes e vontades mais fortes. Elas usam o princípio de causa e efeito, ao contrário de serem usadas por ele. É claro que até mesmo os mais elevados estão sujeitos ao princípio, uma vez que ele se manifesta nos planos superiores, mas, nos planos inferiores de atividade, eles são Mestres e não escravos. Como diz *O Caibalion*:

> *Os sábios servem nos (planos) superiores, mas governam nos inferiores. Eles obedecem às leis que vem de cima, mas, em seu próprio plano e naqueles que estão abaixo de si, eles governam e dão ordens. E, não obstante, ao fazê-lo, eles constituem uma parte do princípio em vez de se opor a ele. O sábio está em harmonia com a Lei e, compreendendo seus movimentos, ele a maneja em vez de ser seu escravo cego. Tal como o nadador habilidoso, que vira para esse lado e para aquele, indo e vindo a seu talante, em vez de ser como a tora que é carregada para cá e para lá, assim é o sábio em comparação ao homem comum. E, não obstante, nadador e tora, sábio e tolo estão sujeitos à Lei. Aquele que compreende isso está avançado no caminho da maestria – O Caibalion*

Para concluirmos, chamemos ainda a atenção dos leitores para o seguinte axioma hermético:

> *A verdadeira transmutação hermética é uma arte mental – O Caibalion*

Com esse axioma, os hermetistas ensinam que a grande

obra de influenciar o próprio ambiente é realizada por meio do poder mental. Sendo o Universo inteiramente mental, segue-se que apenas a mente pode governá-lo. E nessa verdade será encontrada a explicação de todos os fenômenos e manifestações das várias capacidades mentais que estão atraindo tanta atenção e suscitando estudos desde os primeiros anos do século vinte. Por trás e debaixo dos ensinamentos dos diversos cultos e escolas, permanece, sempre imutável, o princípio da substância mental do Universo. Se o Universo é mental em sua natureza substancial, disso decorre que a transmutação mental altera necessariamente as condições e os fenômenos do Universo. Se o Universo é mental, então a mente é necessariamente o principal poder que afeta seus fenômenos. Se isso for compreendido, todos os chamados "milagres" e "maravilhas" serão vistos claramente por aquilo que são.

O TODO é MENTE. O Universo é mental – O Caibalion

O CAIBALION
foi confeccionado em impressão digital, em junho de 2024
Conhecimento Editorial Ltda
(19) 3451-5440 — conhecimento@edconhecimento.com.br
Impresso em Luxcream 80g - StoraEnso